公务通用能力系列读本

会务组织

杨 桐　赵玲玲　张文杰　编著

中国人事出版社

图书在版编目(CIP)数据

会务组织/中国人事科学研究院组织编写；杨桐，赵玲玲，张文杰编著. -- 北京：中国人事出版社，2020
　（公务通用能力系列读本）
　ISBN 978-7-5129-1362-2

Ⅰ. ①会… Ⅱ. ①中…②杨…③赵…④张… Ⅲ. ①会议-组织管理-教材 Ⅳ. ①C931.47

中国版本图书馆 CIP 数据核字（2019）第 248310 号

中国人事出版社出版发行

（北京市惠新东街 1 号　邮政编码：100029）
＊
保定市中画美凯印刷有限公司印刷装订　　新华书店经销

880 毫米×1230 毫米　32 开本　6.875 印张　134 千字
2020 年 9 月第 1 版　　2025 年 2 月第 5 次印刷
定价：20.00 元

营销中心电话：400-606-6496
出版社网址：http://www.class.com.cn

版权专有　　侵权必究
如有印装差错，请与本社联系调换：（010）81211666
我社将与版权执法机关配合，大力打击盗印、销售和使用盗版图书活动，敬请广大读者协助举报，经查实将给予举报者奖励。
举报电话：（010）64954652

前　言

公务即公共事务，是以公共力量推动社会良序发展、维护社会稳定、满足社会成员共同需求的一系列社会活动，具有明显的社会性、公共性、共享性和非营利性。首先，公共事务是在社会成员之间的交往和联系中产生的，随着社会的发展，其内涵和外延得以不断拓展。其次，公共事务涉及公共资源的运用与公共权力的运行，关涉到社会全体成员的共同利益和整体生活质量，是以实现公共利益为目的的。再次，公共事务为社会成员提供公共产品和公共服务，不具有排他性。最后，公共事务不以营利为目的，其宗旨是为社会成员谋福利。因而，对于具体从事公共事务管理工作的人员的素质和能力也有其特定的要求。

党的十九届四中全会提出，要坚持和完善中国特色社会主义制度，推进国家治理体系和治理能力现代化，这对公共事务管理提出了新的要求。公共事务管理水平的高低直接反映了政府的执政能力，体现了社会进步的程度以及人民的获得感、幸福感和满足感。公职人员是从事公共事务管理、提供公共服务的主体。公职人员的素质和能力与政府执政能力、社会管理与

会务组织

公共服务水平紧密相关。党的十九大报告指出:"人民美好生活需要日益广泛,不仅对物质文化生活提出了更高要求,而且在民主、法治、公平、正义、安全、环境等方面的要求日益增长。"这为公职人员队伍能力建设指明了方向。因此,加强公职人员能力建设,培养和提升职业素养、专业能力和服务水平,对提升社会公共事业服务水平、推动经济发展和社会全面进步具有重要的现实意义。

公共事务管理涉及公共资源的合理配置、公共项目的实施和社会问题的解决等诸多方面,不仅需要公职人员掌握公共管理的理论知识、法律规章,而且要具备从事其管理工作所需的工作能力。这种能力当然包括在公共事务中不同领域开展工作的专业能力,而通用能力,即无论从事何种工作都要具备的能力,则更具有基础意义。

公务通用能力是公职人员应具备的基本素质和职业技能,是将观念、知识、技能整合性地运用到具体工作情景中,解决各类问题所需要具备的能力。具体来看,公务通用能力主要包含政治鉴别能力、组织协调能力、沟通交流能力、调查研究能力、公文写作能力、危机应对能力等。因此,公务通用能力的提升对从事公共事务管理工作的公职人员来说,具有极其重要的意义。

培养造就一支高素质、专业化的公职人员队伍并不断提高其素质、能力和水平,是全面建成小康社会、全面建设社会主义现代化强国、完善和发展中国特色社会主义进而实现中华民族伟大复兴中国梦的重要举措,而公职人员公务通用能力的培养是提升队伍素质和能力的重要途径。公务通用能力的培养不是一朝一夕的事情，是与公职人员终身学习紧密联系的，需要根据社会经济发展的需求和工作岗位职责的要求不断提升。同时，公务通用能力的提升既强调对基本能力的培养和提升，又强调对个体发展的培养与促进；既强调在工作场所中对公职人员进行培养和指导，又重视引导个体的自主性学习，是一项系统工程。

基于此，本套丛书以公职人员队伍建设的基本精神为依据，以公共管理与相关学科的基本理论为支撑，以公职人员为对象，以提高公职人员通用能力为宗旨，从公文写作、文档处理、调查研究、言语表达、沟通协调、会务组织、安全保密七个方面对公职人员应具备的通用素质和能力进行了阐述，介绍了公职人员需要了解的一些业务常识和工作实务知识及其相应的能力要求，并根据不同职级公职人员的特点进行了进一步细化分析，着力为公职人员素质和能力的提升与工作实务的开展提供有参考价值的读本。

本套丛书由中国人事科学研究院组织编写、余兴安院长担任主编。丛书共分为七个专题：第一专题《公文写作》由侯波、闫建华和常智慧编著；第二专题《文档处理》由夏宏图编著；第三专题《调查研究》由郑佳节编著；第四专题《言语表达》由孟庆伟编著；第五专题《沟通协调》由梁玉萍、丰存斌和刘军仪编著；第六专题《会务组织》由杨桐、赵玲玲和张文杰编著；第七专题《安全保密》由郭联发、廖金萍主编。丛书兼顾了系统性、理论性、知识性、可读性与实用性。一方面，通过

会务组织

复原工作场景，分析工作事项，明确解决问题的关键点，归纳工作方法和技巧，并梳理常见错误用以警醒，利于公职人员尽快掌握岗位基本要求，是一套紧密贴合公务工作要求的实用手册，可作为公职人员能力建设指导用书。另一方面，七个专题坚持以实用性为导向，通过大量事例帮助公职人员解决"做什么、怎么做、做错了怎么办"等问题，可以作为党政机关、人民团体、事业单位及国有企业工作人员的培训教材或学习用书。

目 录

第一章 会务概说 ······ 1
- 第一节 会务概念 ······ 1
- 第二节 会务功能 ······ 6
- 第三节 会议种类 ······ 7

第二章 会前工作 ······ 11
- 第一节 会议方案 ······ 11
- 第二节 会议协调小组 ······ 24
- 第三节 会议经费 ······ 27
- 第四节 会场布置和排位 ······ 33
- 第五节 会议智能化服务 ······ 38

第三章 会中工作 ······ 44
- 第一节 会议接待 ······ 44
- 第二节 会场服务 ······ 46
- 第三节 后勤保障服务 ······ 54
- 第四节 会议纪律 ······ 60
- 第五节 会场应急 ······ 62
- 第六节 会议的保密工作 ······ 64

会务组织

第四章 会后工作 …… 68
- 第一节 会场清理工作 …… 68
- 第二节 会议精神学习传达 …… 74
- 第三节 会务总结工作 …… 84
- 第四节 会后督办 …… 89

第五章 会议文件 …… 100
- 第一节 会议文件的种类 …… 100
- 第二节 会议文件的起草 …… 123
- 第三节 会议文件的印制和管理 …… 125
- 第四节 会议文件的归档 …… 128
- 第五节 会议简报 …… 131

第六章 宣传报道 …… 149
- 第一节 会前宣传 …… 149
- 第二节 会议报道 …… 154
- 第三节 会后宣传 …… 159

第七章 会议礼仪 …… 164
- 第一节 基本礼仪规范 …… 164
- 第二节 会务摄影与合照礼仪 …… 171
- 第三节 会议主要参与人员形象礼仪 …… 180

第八章 常见会议及活动的策划与组织 …… 191
- 第一节 四大班子会议策划与组织 …… 191
- 第二节 领导调研活动及其安排 …… 194
- 第三节 工作会议策划与组织 …… 197
- 第四节 办公会议策划与组织 …… 198

第五节　现场会策划与组织 …………………………… 201
第六节　座谈会策划与组织 …………………………… 203
第七节　其他会议 ……………………………………… 204

后记……………………………………………………… 208

第一章 会务概说

会务工作是机关单位日常工作的重要组成部分。会务工作安排合理，会议才能成功。会议是党政机关、企事业单位、社会组织对工作以及对公务活动中的各种问题进行探究、交流信息、沟通思想、部署布置工作的重要途径，也是分析、探讨问题、寻求解决方法的重要方式。通过举办会议，我们可以获得各种有利信息，制定政策并做出决策，形成有效的方案和策略，进而有助于各项工作的顺利展开。

第一节 会务概念

一、会务定义

会务，顾名思义就是会议事务和服务工作。通过会议商讨解决问题，以达到预期目的。它是各级单位发扬民主、咨询决策、实施领导的重要方式，以此布置工作、协调商讨、解决困

会务组织

难、贯彻落实工作。

《现代汉语词典》对会议的解释：一是"有组织、有领导地商议事情的集会"，即党政机关、企业事业单位和各类社会团体用以实施领导、统筹策划、落实工作的一种方式和渠道；二是"商讨并处理重要事务的常设机构或组织"，即会议是实行决策的组织机构。前者要对其时间、地点、参加人数等要素进行考虑；后者是一个机构，如全国人民代表大会及地方各级人民代表大会，或者一些不常见的组织，如某个组织的部长级会议、联席会议等。本书所述的会议是指各级党政机关及企事业单位在遵守国家法律法规和会议规则的前提下发扬民主，围绕一定的议题进行共同协商、咨询决策、实施领导，以达到交流经验、统一思想、协调安排、解决问题、贯彻落实工作的目的，有领导、有组织的集体活动。有主办人但并不为讨论或解决问题为最终目的群众性活动，虽然也被称作"会"，如欢迎会、运动会、舞会等，但这些"会"都只是"会而不议"（不商讨、不解决问题，会中的人都只是看和听，并无机会发表意见），虽习惯称之为"会"，但这实质是一种活动，与我们在这里要讨论的"会议"在性质和作用方面有着本质的区别。

会议有四要素，分别是：一是有领导，二是有组织，三是有主题，四是集体进行的活动。从形式上看，会议有议题、名称、时间、地点、参会人员等要素；从内容上看，会议有目的、任务、作用、要求等要素；从时间上看，会议有会前准备、会中服务、会后整理等要素。

会议具有六大基本特征：①会议召开必须合法和合乎会议

规则；②会议须有议题；③会议须由两个以上的人员参加；④与会人员都能平等地发表意见，参与讨论；⑤会议的召开须有其目的性；⑥会议的召开须有组织、有领导。

会务是一种综合性的工作，是落实会议各阶段内容、保障会议能够顺利进行、完成预定目标的重要保障。大量具体、琐碎的工作必须满足会议的需要，符合领导的要求。

二、会务要素

会议要素包括确定与会者、主办者、议题、名称、时间、地点，以及推进会议议题的展开，服务会议全程的各项工作。

（一）与会者

与会者是指参加会议的正式成员。会议的召开需要耗费时间和精力，确定参加会议的人员，要坚持以下原则：与会人员必须与会议内容有紧密联系，没有关系则不用参加会议。会务工作就是本着这一原则来确定与会人员。具体来讲，就是与会者应当具有合法性、重要性和必要性。合法性是指与会者必须要有参加会议的合法身份和法定资格。如人民代表大会的与会者必须是依法选举产生的各级人民代表，公司企业的董事会或股东大会的与会者必须是依照公司章程和相关法律确定的董事或股东。重要性是指有些与会者与会议没有直接的联系，但却有利于会议的进展，他们通常是临时邀请的，如外国来宾、媒体记者或专家学者、学生代表等。必要性是指与会者是与会议有直接联系的人员，符合会议的确定范围，在会议中有权提出意见、表明态度，有助于会议达到预期效果的人员。

会务组织

（二）主办者

主办者是指以什么名义主办、召开会议。主办者必须是一级机关单位法人。单位确定主办者是根据机关单位的法定职权，以及重要的会议内容，如一些重要会议的一级政府名义，次之可用政府部门和机构的名义。主办者可指定主办人作为会议的召集者和组织者，而主办人在会议中往往以主持人的身份出现。确定会议主持人，通常有以下两种情况：一种是直接由其职务决定的主持人，如党组织的会议由党委（党组）书记主持，单位工作例会由单位负责人主持；另一种是临时担当的主持人，如几个地区、几个单位的联席会议，主持人由代表选举产生。另外，参与会务工作的人员，都是会议的主办者。

（三）会议议题

议题是会议要讨论、协商、解决的问题，必须具有必要性、重要性、可行性。会议必须围绕议题展开讨论协商，才可以在最后达成共识。议题的产生有两种情况：一种是由领导根据需要直接指定；另一种是根据调查研究、综合信息后提出，由领导审定。议题的选定一定要集中，在会议统筹下商讨解决。会议可以设一个议题，也可以设定相关联的几个议题，但是必须有一个主要的议题，也叫中心议题。要避免把许多互不相干的问题放在同一个会议上讨论，使与会者分散注意力。

（四）会议名称

正式召开的会议应当有其恰当、准确的名称。这个名称要求能概括地显示出会议的性质、内容、参加对象，以及主办单位，还应有召开的时间、地点、届次、规模等。是否囊括以上所有的信息和项目，要视具体情况而定。如有的会议名称可显示会议的届次、时间、性质和内容。会议名称必须使用规范、准确的文字来表达，以给全体与会人员产生庄严感和凝聚力。

（五）会议时间

会议时间包括三方面内容：第一，会议召开的时间；第二，整个会议所需要的时间；第三，会议的时间限度。会议召开时间的选择要综合多种因素进行考虑。一是会议召开的必要性，如每周都需要召开一次的工作例会通常安排在星期一或星期五，使两周的工作能够承上启下。二是每一位与会者是否都能参与会议，要考虑这些方面的安排。三是要考虑其他的一些相关因素，如环境、天气等。会议所需要的时间限定则比较灵活，视具体情况而定。从几分钟到几小时，甚至几天、十几天。按照中央"八项规定"要求，要精简会议活动，切实改进会风，严格控制以中央名义召开的各类全国性会议。不开泛泛部署工作和提要求的会，要提高会议实效，开短会。作为会议的组织者，公务人员要严格执行"八项规定"的要求。会议组织者应当在会议召开前预计好时间长度，在会议通知中写明，以便与会者做出安排。会议的每一节时间限度不宜过长，一般45~60分钟一场次最为适宜，否则参加会议的人员感到疲劳和容易分神。如果会议时间过长，应该安排中场休息。

（六）会议地点

会议地点是指会议召开的地址，以及具体会场。会议地点要结合具体情况进行选择，如国际性的大型会议，确定地点时既要综合考虑经济、政治、文化等因素，又要考虑开会所在地的各项硬件设施、交通、安全等方面的因素，通常选在北京等大城市或其他省会城市。专业性会议则通常选择在具有专业特征的地方召开。小型会议通常安排在单位会议室，这样更为贴合实际，既能快速解决问题，又能节省精力与财力。

选择会议地点要符合各方面的规定和要求。

（七）会议服务

做好会议全过程的各项工作，保证各项议题顺利推进，确保会议能够成功举办。根据领导意图和会议要求，写好会议议题安排和日程安排，保证会议有序展开，会务工作人员要在全场做好具体的服务工作。

第二节　会务功能

一、参谋助手

会务工作的使命是保证会议能够有效成功地进行，其核心是服务。会议的组织筹备、进行与后期的总结、整理、落实都需要会务工作人员的共同参与。

（一）会务工作具有服务性

会务工作是为了使会议活动顺利进行而衍生出来的，其目的是"服务"，会议前后的各项工作皆是会务工作的应有之义。

（二）会务工作具有组织性

会务工作需要组织策划好会议活动、建立会务小组和协调部门工作、调解内部矛盾、确保工作安排得到落实。会务工作需要进行大量的协调和组织工作。

（三）会务工作具有执行性

会务工作囊括千丝万缕的细节工作，如文件发放、座位安排、会场管理、会后整理等事务，都需要会务人员逐一落实。为了确保会议的顺利进行，要严格按照领导的意图和要求，建立完整的会务管理系统，落实好会议的大量具体工作。

二、交流经验

会务工作是需要集体完成的工作，集思广益很重要，要求每个人都成为行家，每个人都要熟悉会务工作的具体业务，碰到问题或困难应当场商量解决，形成合力。

三、解决问题

会务工作的主要目的是解决问题，解决会议前、中、后的各项工作问题，会议准备期间拟定方案、发通知等，会议期间的会议服务管理等，会后的总结宣传贯彻落实等，这一系列的工作都是会务工作需要解决的问题。

第三节　会议种类

会议种类繁多，根据不同特性可划分为不同的类型。

一、按规模划分

会议的规模主要是指参加会议的人数。

会务组织

(一) 小中型会议

一般3~100人,大多数情况下不会超过100人,如座谈会、办公会、检查报告会、协调会等,这类会议一般在本单位的会议室或是符合规定并满足需求的酒店、宾馆召开。

(二) 大型会议

一般101~1 000人,如各类型的代表大会、报告会、专业会、表彰会、交流会等,这类会议一般在剧场、礼堂举行。

(三) 特大型会议

一般1 000人以上,如庆祝大会、公审宣判大会等,由于参加人数众多,这类会议一般在露天场地举行。

二、按内容划分

(一) 工作会议

工作会议是指为研究讨论某一时期的问题和某方面的工作而召开的会议,如省委组织工作会议、市委政法工作会议等。这类型会议的参加者大多是各级党政机关、社会团体的领导人员。

(二) 专业会议

这是为研究某一专门问题和某方面工作而召开的会议,通常情况下以部门名义召开,如招生会议、劳动工资会议。

(三) 座谈会

这是针对某一具体事项或问题,或在某个特别节假日召开的小规模会议。座谈会重在沟通交流情况、联络感情。

(四) 庆祝会、纪念会

这是为庆祝纪念某些重要日子或者是重要人物而召开的会议，规模有大有小，会议时间不宜太长，如在清明节举行纪念革命先烈大会等。

(五) 运动会、誓师大会

这是为完成某项工作或举行某些重要活动而召开的会议，召开时间通常较短，但参加人数往往较多，少则百人，多则上千人，甚至几万人。

(六) 追思会

这是经批准为纪念逝者而举办的会议。参加人员主要是逝者的家属、亲友、同事，会议气氛庄严肃穆。

(七) 新闻发布会

这是特指就重要会议或者重大事件，如政府部门召开、新闻媒体人员为与会者的会议。新闻发布会向社会公布有关情况、宣布重大事项或者决策。

三、按时间划分

根据会议召开的间隔时间划分，会议有以下几种类型。

(一) 定期会议

定期会议也称作例会，如各种代表大会、各级党政机关的办公会、机关单位的业务分析会、思想分析会、协会的年会等。

(二) 不定期会议

这是根据需要临时召开的会议，如表彰会、报告会、座谈会，以及以业务为内容的各项会议。

会务组织

(三) 紧急会议

这通常是为处理偶然性突发事件、各种社会危机和问题而临时召开的会议。

(四) 多次性会议

这是指需要连续召开两次或两次以上的会议,如政府部门针对某项专项工作需要进行多次协商讨论才可以得出结论和解决方案的会议。

(五) 电视电话会议

这是用通信线路把两地或多个地点的会议室连接起来,以电视方式召开会议的一种图像通信方式。这类会议可在不同的地点同时收看和收听,既节约成本,又提高效率。

第二章
会前工作

成功的会议都是建立在充分准备的基础之上的。会前准备工作是整个会务组织的重中之重。对会前准备的各个环节都必须做到严谨细致、考虑周到,以保证会议效果。在会前准备阶段,要努力做到:抓实——一切从实际出发,抓新——创新使用智能化会务服务手段,抓细——认真对待会务工作的每一处细节,抓严——严格执行相关的政策规定。

第一节 会议方案

综合性大型会议、大型工作会议都需要事先制定规范的会议方案。会议方案是会务工作的纲领性文件,是会务工作的总体指南,会议的运作通常是从总体方案的制定开始的。一份合格的会议方案是会务工作成功的前提和基础,如同房子的地基一般重要。因此,作为会务工作人员,掌握制定会议方案的技能是非常重要的。本章节将从会议内容、会议详细方案和会议

会务组织

通知三个方面具体介绍如何完成会议方案的制定。

一、会议内容

（一）会议基本要素

1. 会议名称。会议名称是向外部提供关于会议基本信息的引领性标题，要与会议的内容相符，切实做到妥帖恰当。

确定会议名称的方法主要有以下三种："单位+内容+会议种类"，如"中国共产党第十九次全国代表大会"；"单位+年度+内容+会议类型"，如"××单位××××年总结表彰大会"；"时间+会议内容+会议类型"，如"××××年××省公路春运票价听证会"。

2. 会议举办时间。会议召开的时间要由单位领导确定。会议时间选择的恰当与否同样会影响会议的效果，以下是选择会议时间的几点注意事项：

第一，避开重要的节假日。尽量不要让会议召开的时间与法定节假日相冲突，如传统节日"春节""中秋节"以及"五一""十一"等。

第二，避开重要活动日期。避免会议与重要活动日期冲突，才能保证主要人物出席会议，同时也能吸引更多的关注。

第三，会议时间要合理。合理的会议时间能够烘托会议的主题，如纪念性会议在纪念日举行，总结会议在季末、年末举行，工作性例会在星期一或者星期五举行。

3. 会议地点。会议地点的选择要结合参加会议的人数和会议效果进行综合考虑。通常小型会议或单位内部会议的召开地点比较灵活，容易确定，在此不展开叙述。跨地区、大规模会议地点的选择，一般需要考虑以下几个因素：

第一，交通因素。交通方面应该考虑便利性，尽量选择在交通枢纽或者大中型城市，方便大多数与会者到会。

第二，场地面积。通常来说，每个与会人员平均应有 2~3 平方米的活动空间。对于大规模、长时间的会议可以选择略大的场地。

第三，费用合理。会场租借费用必须在会议经费的预算范围之内。

第四，条件良好。会议地点应不受外界干扰，有良好的设备配置，有足够的停车位和安全设施，有良好的会议空间。

（二）会议议程

会议议程是会议议题的推进与先后顺序的程序性安排，是会议活动的指南。会议主持人需要根据会议议程主持会议，与会人员需要根据会议议程参与会议。会议议程主要涵盖会议需要通过的文件、解决的问题。它的主要作用是使与会人员对会议的主要内容做到心中有数，事先做好准备，避免与会者发言"跑题"，保证会议目标的实现。

不同类型的会议，会议议程不同。小型专题会议议程一般包括开幕式、嘉宾发言、会议总结、拍照留念、闭幕式等；大中型会议议程一般包括开幕式、领导和来宾致辞、大会发言、分组讨论、参观活动、会议总结、宣读决议、闭幕式等环节。

编制会议议程时，应该遵守以下几条原则：①保证议程先

会务组织

后顺序准确;②分清会议议程的主次、轻重、缓急;③预估每个议题所需的时间,提高会议效率;④议程数量要适度,内容要明确具体,保证操作性;⑤会议议程的安排要留有余地,以防出现临时情况无法应对。

 例1

第××届××省××××学会第×次会员代表会议议程表

××××年××月××日上午

时间	主持人	会议内容		
8:30—9:00	×××	开幕式 (地点:××讲学厅)	×××	会长致辞
			×××	主办方校长、学会监事长致辞
			×××	文传学院院长致辞
			特别事项	宣读获奖名单
9:00—9:30	×××	合影	行政楼门前	
9:30—10:30	×××	第一场 大会发言 (地点:××讲学厅)	每人10分钟 嘉宾:发言题目	
10:30—10:50		休息		
10:50—11:50	×× ×××	第二场 大会发言 (地点:××讲学厅)	每人8~10分钟 嘉宾:发言题目	
12:00—13:00	午餐		午餐地点	

××××年××月××日下午

第一组：地点（具体名单见"分组名单"）

时间	主持人	会议内容	
14：00—15：20	×××	第一场分组讨论	每人5~8分钟，由主持人把控
15：20—15：50			休息
15：50—16：50	×××	第二场分组讨论	每人5~8分钟，由主持人把控
17：00—17：30	闭幕式		详见下表

第二组：地点（具体名单见"分组名单"）

时间	主持人	会议内容	
14：00—15：20	×××	第一场分组讨论	每人5~8分钟，由主持人把控
15：20—15：50			休息
15：50—16：50	×××	第二场分组讨论	每人5~8分钟，由主持人把控
17：00—17：30	闭幕式		详见下表

闭幕式内容

时间	主持人	会议内容	
17：00—17：30	×××	闭幕式（地点：××讲学厅）	会长致辞
			两个小组总结：每位7分钟
			其他事项

（三）会议主持

主持人是会议能否实现预期效果的关键因素之一，会议主

| 会务组织

持人发挥应有的作用是会议顺利进行、取得成功的必要条件。

会议主持人一般情况下由组织或集体指定，或由职务（职级）最高的领导人员担任，或受该领导人员委托担任。例如，某市市委常委会由市委书记主持，某局的工作例会由局长主持。

（四）与会人员

一般而言，与会人员在大多数的情况下是根据会议的内容和要求被明确划定的。领导机关在决定召开某个会议的时候，就已经明确了大部分的与会人员。会务工作机构负责落实与会人员名单，呈送主管领导审定。按要求应出席会议人员因故不能出席的，必须严格履行请假制度，并由会务工作机构汇总，报主管领导审批，会务工作人员无权批准请假事项。

二、会议详细方案

会议方案是须经领导批准的会议召开的安排，有了方案，会务工作才能有条不紊地开展。会议详细方案通常包括会议名称、会议时间、会议地点、会议规格、会议流程、与会人员、会议主持、会务小组、会议经费、会议总结等部分。

>>> 例2

××省传达贯彻党的十九大精神大会
暨全市干部大会的工作方案

根据市委主要领导意见，定于××月××日（星期×）下午3时召开××省传达贯彻党的十九大精神大会暨全市干部大会。会期半天。现就会议有关工作拟订方案如下：

一、会议地点

全市会场设在市委礼堂，市委大院 3 号楼 1 楼、2 楼会议厅和市政府礼堂；市属各区分别设分会场。

二、参加人员

1. 市委常委，市人大常委会、市政府、市政协领导同志，市法院院长、市检察院检察长（共 38 人）。

2. 原市四套班子老同志（共 71 人，除参加省委传达贯彻会议的 3 名老同志外）。

3. ××市出席党的十九大代表（3 人）、省第十次党代会代表（76 人）和××市第九次党代会代表（211 人，其中专业人士 137 名，先进模范 69 名，解放军和武警战士 5 名，除××市副局级以上领导干部 479 名）。

4. 市直局以上单位负责同志（共 1 077 人，除各区、县级市副局级以上领导 406 名）。

5. 各区区委常委，区人大常委会、区政府、区政协领导同志，区法院院长、区检察院检察长（共 210 人）。

以上人员共 1 607 人，在市委礼堂（可容纳 1 400 人）和市委大院 5 号楼 2 楼会议厅（可容纳 390 人）参加会议。

6. 各区区直单位主要负责同志共 517 人，在市政府礼堂（可容纳 600 人）参加会议。

7. 各区街道（镇）党政主要负责同志共 220 人，在市委大院 5 号楼 1 楼会议厅（可容纳 230 人）参加会议。

8. 各区分会场的参会人员在各自分会场参加会议。

会务组织

三、会场布置

1. 主会场会标：××省传达贯彻党的十九大精神大会暨××市干部大会。

2. ××、××、××、××区各分会场会标：传达贯彻党的十九大精神大会××市××区分会场暨干部大会。

3. 请市委常委和××市出席党的十九大代表在市委礼堂主会场主席台就座。

4. 请市人大常委会、市政府、市政协领导同志，市法院院长、市检察院检察长和原市四套班子老同志在市委礼堂主会场前排就座。

四、议程安排

1. 收看收听××省传达贯彻党的十九大精神大会电视电话会议。

2. ××同志主持会议，结合××市的实际提出贯彻意见。

五、工作分工

1. 制定工作方案，印发会议通知，落实出席领导以及会务统筹和会议组织工作由市委办公厅会务处负责。

2. ×××同志主持词稿和讲话稿的起草工作由市委政研室负责。

3. 市委礼堂和市委大院3号楼1楼、2楼会议厅会场布置工作由市委办公厅机关服务中心和自动化中心负责；市政府礼堂会场布置工作由市政府办公厅负责。

4. 请××日报社、××电视台、××电台、市档案局派员采访大会和拍摄资料。

5. 请市委办公厅综合处负责大会新闻通稿工作。

6. 会议安全保卫和交通管理工作由市委办公厅和市政府办公厅会同市公安局有关部门负责。

7. 请市委组织部负责通知并落实市出席党的十九大代表、省第十次党代会代表和市第××次党代会代表参加；市委统战部通知并落实市各民主党派和工商联领导同志参加；市委老干部局负责通知并落实和组织有关老同志参加。

××市委办公厅会务处

××××年××月××日

 例3

全省××××会议方案

为贯彻落实××会议精神，总结回顾2018年×××工作，安排部署2019年工作任务，表彰××××先进集体和先进个人，定于2019年×月上旬，在×××召开××××会议暨×××先进集体先进个人表彰会议。现制定如下会议方案：

一、会议名称

××××会议。

二、会议时间

××××年×月×日上午8：30，会期×天。×月×日报到。

三、会议地点

××××会议中心。

四、会议日程

（一）8：20—8：40，省领导接见受表彰先进集体和个人并

会务组织

合影留念。

（二）8：40—9：00：表彰×××先进集体、先进个人。

×××宣读《×××××决定》，省领导为受表彰代表颁奖。

（三）9：00—10：00：×××副省长讲话。

以上（二）、（三）两项内容拟请××副秘书长主持。

（四）10：10—11：00：×××讲话。×××主持。

五、与会人员

各市（州）、县（市、区）××××及业务科（处）长各1名；省直各部门、各直属事业单位、省属普通高校××处处长；受表彰的先进集体和先进个人代表，共计约×××人。

会议邀请新闻媒体到会采访。

六、会议拟印发材料（略）

七、会务安排

会务工作设秘书组、文件材料组、简报组、安全保卫组、接待信访组、宣传报道组、后勤保障组等。重要会议单位分管领导抓总，会务工作机构牵头协调各项会务工作。

三、会议通知

会议通知内容：要简明扼要、概念准确，写清楚会议召开的时间、地点、主办单位、会议名称、会议主要内容、与会人员、联系单位以及需要携带的材料等。

会议通知及参会人员名单送给主管领导审核，根据领导审核意见进行修改，待主管领导审批后，方可盖章发出。

会议通知发送，可用传统的纸质版，也可用电子版在网络上发送，在智能化办公时代更加提倡通过微信、电子邮件等形式，发送会议通知，但秘密件除外。为了让与会人员充分做好准备，可以在发会议的正式通知之前，先发一个预告通知。预告通知一般只写会议的大概时间、会议的内容和要求，会议的具体时间、地点确定后在正式通知中告知。

 例 4

会 议 通 知

各科室、处属各单位：

为贯彻落实上级会议精神，总结回顾××××年工作，安排部署××××年工作，经研究，决定召开××××工作会议暨职工迎春联欢会，现将有关事项通知如下：

一、会议时间

××××年×月×日上午×点至×点。

二、会议地点

××××会议室。

三、会议议程

1. 通报××××××××情况。

2. 宣读省××××××××先进个人表彰决定。

3. ×××处长做××××工作报告。

4. 职工迎春联欢会。

四、参加人员

1. ×××处领导、×××处机关全体人员、×××部门负责人。

21

> 会务组织

2. 会议特邀××××××××××公司班子成员暨部门负责人参加。

3. 参加职工迎春联欢会部分演出人员可列席会议。

五、会议要求

1. 各参会代表请于××××年×月×日上午×时×分前入场。

2. 各单位要按照通知要求组织参会代表集体乘车，按时参会。

联系人：×××　电话：××××××××

××××年××月××日

 例5

关于组织收看收听党的群众路线教育实践活动第一批总结暨第二批部署会议第一次全体会议的通知

各区（县级市）党委，市局以上单位、市管企业党委（党组）：

根据中共中央办公厅和省委办公厅通知，××××年×月×日至×日上午在××召开党的群众路线教育实践活动第一批总结暨第二批部署会议。通知要求，××××年×月×日上午举行的第一次全体会议以电视电话会议形式开至各省、自治区、直辖市和××建设兵团及各市（地、州、盟）、县（市、区、旗）。根据省的要求，我市和各区、县级市设分会场收看收听。现将有关事项通知如下：

一、会议时间

××××年×月×日上午×时。

二、会议地点

市分会场设在市委×号楼×楼会议厅，各区、县级市分会场地点由各地自行确定。

三、参加会议人员

（一）市分会场

1. 市委、市人大常委会、市政府、市政协领导，市法院院长、市检察院检察长，市纪委副书记，市人大常委会、市政府、市政协秘书长；

2. 我市参加第一批党的群众路线教育实践活动的单位1位主要负责同志（单位名单附后）；

3. 市委教育实践活动领导小组（以下简称"领导小组"）成员及领导小组办公室负责同志，市委各督导组全体成员（由领导小组办公室负责通知落实）。

（二）各区、县级市分会场参照市分会场人员范围确定。

四、有关要求

（一）请在市主会场参加会议的各单位于×月×日（星期×）中午×时前将参加会议人员名单通过市委会议通知系统报名。请各区、县级市党委办公室于×日中午×时前将在本区、县级市分会场参加会议的区委、区政府主要领导名单、参会总人数传真至领导小组办公室。会议重要，请有关人员确保出席。确实因故无法参加会议的，需书面办理请假手续并说明原因（联系人：×××、×××。电话：××××××××，传真：××××××××）。

（二）请参加会议的人员凭本会议通知于当日上午×时×分前入场。与会人员的车辆要听从现场工作人员指挥，从市委大院

会务组织

南门进、北门出,并在市委大院东侧3号停车场停放。

特此通知。

附件:参加会议的有关单位名单

中共××市委办公厅
××××年××月××日

会议通知发送后,会务工作人员需要逐一确认与会人员是否已经收到会议通知以及是否参会。收到回执之后,还需要统计、确认有效回执,准备接待等事宜。

第二节 会议协调小组

一次成功的会议,从方案制定开始,就会涉及方方面面的问题。召开大型的重要会议,需要成立会议协调小组,专门协调筹备会议的各项准备工作。会议协调小组是会议成功进行的组织保障。

一、协调小组设置

(一) 成立协调小组的原则

1. 均衡原则。根据会议的规模、类型、内容设置相应的协调小组,既不能杀鸡用牛刀,又不能小马拉大车。宜因事设组,每个组的工作量相对均衡。

2. 明确原则。在设置协调小组时,要注意分工明确、职责分明、分兵把守、各司其职,避免发生推诿扯皮的现象。

3. 精干原则。协调小组的人员主要由相关部门的主管人员或者会务工作的主办人员组成，力求精干高效，人尽其才。

（二）协调小组工作机构设置与人员配备

根据工作需要设置会务协调小组，成员由会议举办单位分管领导挂名，便于进行动员、组织、协调和监督。下设若干会务工作小组，各工作小组的设置及分工根据会议的规模大小、规格高低、时间长短及内容安排予以确定。一般情况下，500人以上的会议可设秘书、联络、宣传、保卫、内务、外勤、后勤服务等工作小组，每小组配备工作人员3~5名（工作人员的总数一般可按参会代表人数的4%~7%配置）；200~500人的会议可设秘书（材料、宣传）、内务（报到、后勤服务）、外勤（联络、接待、保卫）等工作小组，每小组配备工作人员3~9名（工作人员可按参会代表总数5%~8%的比例配置）。

二、人员组织与分工

协调小组设置完成之后，需要对任务进行分解，对人员进行分工。会务工作的内容主要包括会议材料的准备、会场的准备、会议接待、会议宣传、会议财务、会议后勤和会议安保。

为筹备和组织特定的会议而临时组建的会务工作协调机构，有的也叫××会议筹备会/组、××会议筹备办公室等，其内部还可以分设秘书组、宣传组、后勤接待组、材料组、财务组、安保小组等。

会务工作按照会议筹办协调机构内部的设置以及会议的实际需要进行明确分工，分解任务，责任到人。一般大中型会议可以设置以下八个工作小组：

会务组织

1. 秘书组：主要负责会议的联络工作，有时也要负责会议记录。

2. 后勤接待组：主要负责会议的接站、报到、签到、票务、食宿、车辆调度、设备保障、会议用品发放与管理。

3. 财务组：主要负责经费的预算与筹措、经费使用的核对、经费的决算与财务管理方面的事务。

4. 宣传组：主要负责会议的对外宣传工作，包括会议宣传图册的制作，组织、安排、协调记者的采访活动，统一向媒体提供会议的新闻稿件，承办新闻发布会或记者招待会，会议的音像资料的录制和管理。

5. 材料组：主要负责各种会议文件的准备、起草、印发、清退、立卷归档。

6. 简报组：负责大型重要会议小组探讨的情况记录和交流，选出专门的文员做好会议记录，编写会议简报，及时印发与会人员。

7. 安保小组：主要负责会议期间的安全保卫工作。

8. 应急小组：为了保证实现最佳的会议效果，在设置会议协调小组、进行人员分工时，可以设置一个应急小组，用以应对会议过程中的突发情况。应急小组需要预先考虑会议中可能出现的变化或意外情况，预测可能会发生什么问题，可能出现什么紧急突发事件，制定应对紧急突发情况的预案，对可能存在的问题和隐患提前解决或加强防范。

此外，还要根据会议的具体实际情况设置一些其他的小组，如翻译组负责为国外人士或少数民族代表提供翻译服务，选举组负责有关选举、投票表决的相关事宜。

上述分工可以根据会议需要适当增减、合并与调整，工作小组的名称也可以根据实际的分工来确定，不必千篇一律。

第三节　会议经费

会议经费的预算是会议前期准备工作中一项非常重要的工作，必须考虑到会议内容、会议时间、会议规模等各个方面的问题。编制会议经费的预算要本着节约的原则，严格执行财务管理的政策规定。

一、经费预算

编制会议经费预算，就是对会议的收入和支出做出科学的预测，将会议经费在会议各项活动项目间进行合理的分配。会议前期准备期间的各个环节都会对经费预算产生影响。因此，会议经费的预算要精心核算。

（一）编制经费预算的原则与作用

1. 经费预算的原则。

（1）节俭办会。勤俭节约是我国的传统美德，新时代党风政风不断革新，会风也随之发生重大变化，少开会，开短会，不搞排场，不铺张浪费已形成常态。在经费预算上应该落实好中央八项规定，秉持俭朴务实的原则。

（2）严格审核。严格执行中央八项规定精神，对会议产生的每一项经费都应该严格审核，能节省则节省，能简化则简化，以保证预算的经费与实际的费用支出基本相符。

会务组织

（3）留有余地。要充分考虑会议期间可能产生的其他费用，在做预算时要留有余地，避免超出预算甚至违反规定。

2. 经费预算的作用。首先，可以将会议支出量化，严格按照规范使用会议经费；其次，有利于清楚地了解会议的召开所需要的大体经费数额，掌控本单位经费的合理有效使用；最后，有助于防止贪污腐败行为的发生，营造风清气正的工作环境。

（二）会议经费预算编制

经费使用的主要支出项目包括会场的租赁使用费（场地使用费用、会场设备的租赁费用）、会场布置费用、材料费用（会议宣传材料、横幅）、餐饮费用、住宿费用、交通费用等。

1. 明确会议规模。会议规模是编制会议经费预算的基本依据。如果条件允许，可以参照前三届会议的人数进行历史比对。对于首次举办的会议，则需要通过收集会议回执来掌握参加会议的人数。

2. 测算会议支出。会议的支出总体来说可以分为固定支出和可变支出两个部分。固定支出不会随着实际参会人数的变化而变化。这部分费用在会议举行之前就已经发生了，可以进行比较准确的预测。可变支出（如会议的餐费）是会随着参会人数而变化的，应该根据对会议规模的预测进行判断。

会议支出的组成包括交通费、会议场地租金、会场布置费用、会议设备租金、住宿费、餐饮费、资料费、人工费、杂费等，具体如下：

（1）交通费主要包括由会务统一配备车辆的费用、成本及相关费用，与会人员往返目的地的路费，相关工作人员的交通补贴等。

（2）会议场地租金：不同等级的酒店或会议中心，其会议场地的租金不同，计价方式也各异，应就会议的规格和规模具体而定。

（3）会场布置费用：为会场布置所产生的费用，包括会标、会徽和会场内标语横幅的制作，按照会议要求在会场内搭建的临时装饰物、展示台架等。

（4）会议设备租金：主要是租赁特殊设备，如投影仪、同声传译系统、摄录设备等，租赁时通常需要支付一定的押金费用。需要注意的是，在租赁时应对设备的各类功效参数做出具体要求，否则可能会影响会议的正常进行。

（5）住宿费：一般以参加会议人员住宿天数乘以每天的住房租金得出住宿总费用，如有房间服务费也应一并列出。

（6）餐饮费：正餐按自助餐安排，费用按照人数计算。

（7）资料费：包括会议的公关宣传，制作会议所需各类文件资料和证件的费用，相应的邮寄费用，文具费用等。

（8）人工费：支付给与会人员和与会工作人员的有关补贴或者劳务。

（9）杂费：杂费是指会议过程中产生的临时性费用，包括临时打印、临时运输以及装卸、临时道具、传真及其他通信、快递服务等，对杂费做出较为准确的预算是很难的，通常可以在经费预算中增列不可预见费用以便灵活机动处理。

最后，经费预算的编制必须考虑不可预见的因素，其数额一般按照总经费的 5%~20% 计算。

会务组织

3. 编制会议预算方案。会议经费预算方案一般包括会议支出预算和会议收入预算两部分，会议支出预算项目前文已经说明，会议收入预算一般包括本单位的专项拨款、联合主办单位的拨款和外单位的赞助费等。

特别是党政机关涉及的会议经费，如果涉及住宿费、餐费、交通费等，还要严格遵守相关规定，例如财政部印发关于《中央和国家机关工作人员赴地方差旅住宿费标准明细表》的通知规定，省部级领导赴北京出差，住宿费标准每天限额为1 100元，司局级官员每天限额650元，其他人员每天限额500元。2014年起执行的《中央和国家机关差旅费管理办法》中，对城市间交通费和市内交通费都做出了明确规定。如果坐飞机出行，省部级干部才能坐头等舱，司局级和其他干部只能坐经济舱，科级及以下干部原则上不坐飞机，确实需要乘坐飞机的，须经本单位批准。乘坐火车的情况稍微复杂一些，县处级及以下干部只能坐普通列车硬座、硬卧和高铁二等座等。需要提醒的是，如果"超标"乘坐了交通工具，如县级干部乘坐飞机头等舱，那么差价需要自己补交。市内交通这方面，不同级别干部的标准没有差别，都是一天80元包干使用。伙食费方面，除出差到西藏、青海和新疆定为每天120元之外，其他各地标准大多为100元。以上相关规定在会务经费的预算中也是要充分考虑的。

二、经费使用

（一）经费使用程序

根据会议的规模，属于本单位经费包干的会议，由会务承办机构提出经费申请，财务管理机构审核批准。属于不在单位包干的大型会议，由主办会议单位提出申请，相关管理部门核准拨付。

（二）经费使用项目

经费使用项目主要包括交通费、会议场地租金、会场布置费用、会议设备租金、住宿费、餐费、资料费、人工费、杂费等方面。它又可分为固定支出和可变支出两部分，具体内容已在前文说明，此处不再赘述。

（三）经费使用监督

对会议经费的使用加强监督，严格管理，严格执行中央八项规定。

会议经费使用的监督方法如下：

1. 授权和自我控制。成本的控制权由会务协调小组负责人自上而下层层授权，层层监督；执行人员自我控制支出，超支不补。

2. 逐项细审。逐项仔细审查经费使用的细目表，确定经费使用的把关是否过松或者过紧，及时进行调整。

3. 提交预算执行报告。具体操作部门定期向财务组提交预算执行报告，对会议经费的预算执行情况进行分析汇报。

三、经费结算

会议经费结算是根据会议经费预算，清算会议经费支出的各个项目。

会务组织

(一) 经费结算的注意事项

1. 按照会议经费预算,列出具体的结算项目、数量、规格、单价、费用和审核以及审批等的依据来执行。

2. 按项目、职责签名确定支出,按收支凭证和发票划拨,按国家有关财务规定执行。

3. 对于特殊情况导致的经费变动,按规定程序提出调整方案,报主管部门审批后执行。

(二) 经费结算的工作程序

会议经费的结算由会议协调小组的财务组,根据收支明细以及发票进行认真的审核,并要根据经会议领导审定的会议预算进行最后的经费结算。对于超出预算的支出和项目,要仔细审核是否有正当的开支理由,无合理正当开支理由的不予报销。会议经费的报销要严格地按照规定履行相关的审批手续。具体会议经费结算的工作程序如下:

1. 统计会议实际收支项目,对照经费预算进行核点;

2. 确定会议经费结算的方法和时间;

3. 通知相关工作人员经费结算的时间和地点;

4. 核实发票;

5. 填写报销单据;

6. 清点经费支出支票;

7. 负责领导签字;

8. 财务部门报销;

9. 相关部门及人员结清费用。

第四节　会场布置和排位

一、会场布置

会场布置是检验会务工作水平的重要一环。大型会议要求会场整体感觉热烈、大方又不落俗套,能较好地反映会议的中心内容。小型会议则以简朴为基调,突出主题即可。

(一) 会场装饰

会场要简化形式,因地制宜,不能过分奢华装饰,简洁朴实、庄严整齐即可,同时要严格按中央八项规定,不摆花草、不设茶歇、不制作背景板。

(二) 设备布置

根据实际需要,妥善布置好屏幕、投影仪、照明、音响等设备。安放屏幕的位置、角度要合适,使演讲者不用离开话筒便能看见屏幕,主席台上的嘉宾不用离开座位也能看见屏幕;投影仪的摆放除了应不影响与会人员观看屏幕的视线,还要考虑其散发的热气不至于让旁边的会议代表感到不适;照明灯光要适度,既能使与会代表看清屏幕上的画面,又能使其方便做笔记;麦克风要逐个试音,主席台上的麦克风每人一个(或讲话者一人一个),无线麦克风要提前准备,以便随时随地使用。

(三) 会场摆设

为体现对参会嘉宾及代表的尊重,会场座位上通常会放置写着个人姓名的名牌(也有只写单位名称的台签)。大型会议的

会务组织

开幕式、闭幕式环节，通常设有主席台，根据不同的会议，核定坐主席台的人员名单（一般工作会议、商业性会议，不发言的嘉宾一般不上主席台就座）。一般性会议、中小型会议，普遍不设主席台，只设主持席和发言席。会场无论何种摆位，都应以整齐、紧凑为准则，有多少人参会就摆多少张桌椅，或少摆一些（一般都会有参会者临时缺席）以免代表们习惯性地往后面坐，使会场显得太松散，影响会场气氛。

二、会场排位

（一）主席台排位

主席台排位是一项很严肃、规律性很强的工作，必须准确规范。

1. 无论人数多少，大型会议主席台都一般按照中心定位法的方法安排，即出席人数不论单数、双数，排名第一位的领导位置都居中，排名第二位的领导在其左边，排名第三位的领导在其右边，以此依次排开。须注意的是，坐主席台人员出现双数的时候会出现两边不平衡的状况，这个时候左边的位子要排的松一点，保持视觉效果上的一致，弥补人数上的不平衡。当主席台人员为双数时已没有"双主位"的传统排位法。如图2-1所示。

2. 有时主席台只设两个座位，如报告会、学术讲座等，仍然按中心定位法，确定中心位置，排名第一位的领导坐中心位置，排名第二位的领导坐一号的左边。如按传统座位排法，两个位置是左为大右为小，这样中心就没有了。如图2-2所示。

图 2-1 人数为单、双数时主席台座次排列示意图

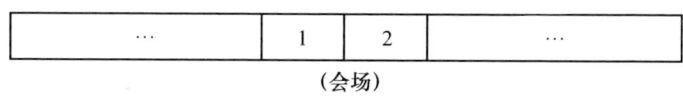

图 2-2 两个座位时主席台排列示意图

3. 有些会议与会人员较少，没必要设规范的主席台，为便于交流，会场更加集中紧凑，可以采取倒 U 字形排法，确定中心后，按左右依次排开。如图 2-3 所示。

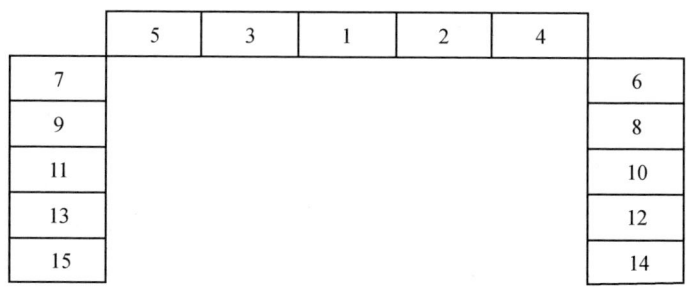

图 2-3 倒 U 字形排法示意图

4. 有些座谈会，或与会人数较少的会议，为体现平等方便交流，会场不设主席台，领导与与会人员面对面，营造出座谈

的气氛，会场可以排回字形。如果与会人员中有劳模等身份特殊的，排位时要考虑适当突出其位置。如图2-4所示。

7	5	3	1	2	4	6
9						8
11			（会场）			10
13						12
19	17	15	14	16	18	20

图2-4 回字形排法示意图

5. 还有些座谈会，一方是参会领导，一方是参会人员，会场可排成扁方形。如图2-5所示。

参会人员	7	5	3	1	2	4	6
			（会场）				
参会领导	6	4	2	1	3	5	7

图2-5 扁方形排法示意图

6. 有时，根据需要举行会见会，属礼节上要求。座位排法有圆形和倒U字形两种。主上方另排两个位置，一个是主人位，一个是主宾位，参与会见的主人方在左方由上至下排列，客人方在右方，由上到下排列。

第一，并列式。宾主双并列就座，体现平等，"平起平坐"，双方面对面坐。如图2-6所示。

第二，相对式。宾主相对而坐，宾客方面对大门，以远为上。如图2-7所示。

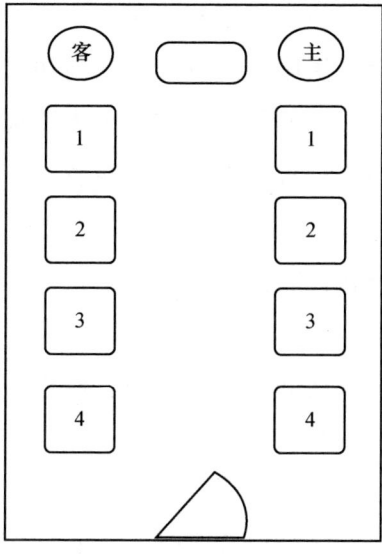

图 2-6 并列式排法示意图

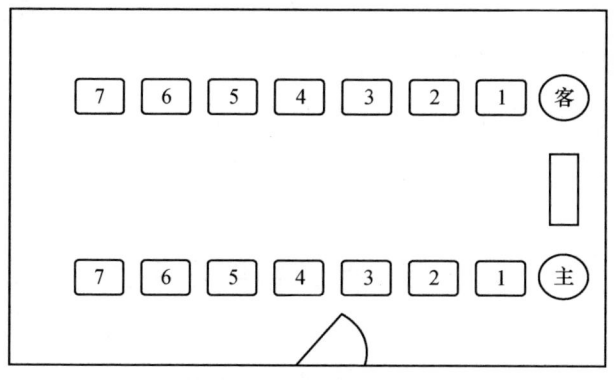

图 2-7 相对式排法示意图

(二) 会场区域排位

会场区域的排位，一般按单位、部门或者地区、系统的类别来安排就座。它的具体依据既可以是平时约定俗成的序列，

会务组织

又可以是单位、部门的汉字笔画或拼音字母的前后顺序。具体排位时，一般以面向主席台为基准，从前往后进行竖排，或者是从左往右进行横排。但如果需要按个人职级、身份来安排座次，一般按前排高于后排、中央高于两侧、左侧高于右侧的规则排位，并在每个座位的左侧放置双面台签。对老、弱、病、残代表，可酌情照顾，安排在便于进出走动的位置上。无论何种排位，在座次排定以后，应送会务协调小组的负责同志进行审定。如果有人对座次问题提出异议，应报请领导定夺，会务工作人员不得擅自处理。

（三）其他情况

1. 候补和列席代表的座位，应排列在正式代表的位置后面。

2. 如果会议有选举议程，应该将代表席分为正式代表席、列席代表席、特邀代表席等，以便收选票、统计人数和票数。

3. 需要注意的是，并非所有的会议，都要排列固定座次，一些会议可以自由就座，具体情况需要视会议的性质、与会人员多少和会场等情况来确定会场的排位。

第五节　会议智能化服务

随着"互联网+"时代的到来，大数据、智能化、移动互联、云计算等互联网信息技术不断创新应用，将互联网技术和传统的会务组织相结合的创新模式，可以有效解决会务组织中的诸多问题，如信息不对称、反馈延时、无法统一有效管理、工作效率较低等难题。

一、智能化的创新性

以创新为灵魂,为会务工作插上智能化的翅膀。互联网思维和新技术的日新月异,驱动着会务组织进行创新性的变革。智能会务系统创新实现了技术共享、资源整合,有效解决了资源浪费、会务组织的效率低等难题,全面提升了会务组织的效率和与会人员的参会体验。

传统模式的会务组织是一个复杂的工程,会务组织智能化可以从根本上解决传统会务组织成本高、效率低的问题,弥补传统会务组织的空缺。由此可见,会务组织实现智能化是大势所趋,符合时代的主流。

二、智能化手段的使用

通过会议智能化服务可以整合会务的每个细节和环节的资源,通过新技术将资源实现统一调配。利用信息技术通过线上匹配、线下执行监督的具有可持续发展的O2O系统平台,打通所有围绕会务活动的中间环节,建立真正具有开放、直接、便利、自由的系统平台。

(一)使用智能化手段的优点

1. 一目了然地呈现会务信息。以前,会务工作人员只能靠手工记录签到信息,需要最终汇集之后才能知道与会人员的到会状况。使用智能化会务管理之后,会务工作人员可以在会场门口同步录入与会人员的签到信息,系统能够快速且准确地反馈总体信息,便于会务工作人员了解与会人员的到会状况,全方位掌握动态变化。

2. 一键完成数据处理。大中型会议大都规格高、规模大，相应地与会人员的数量也比较多。会务工作量庞大，会务工作手工逐一登记，很难实现快速高效的工作效率。智能化会务管理系统代替了费时费力的手工操作——数据记录、统计、修改、编辑等工作都可以通过计算机轻松实现。通过使用智能化会务管理系统，可以大大减轻工作量，缩短工作时间，保证各项工作顺利高效开展。

3. 加强上下联动，提高工作效率。会务智能化系统实现了即时化管理，会务工作人员不再需要专门跑到办公室才能咨询相关事宜，也不需要逐个询问接待点，即使遇到紧急情况需要临时处理，也可以通过网络系统及时获取信息。

4. 降低行政成本，环保节约，更加务实。使用智能化会务管理系统，可以实现会议文件、会议通知电子化、会务管理科学化，信息资源共享。切实做到降低行政成本，务实环保。

5. 便捷高效。依托移动智能化技术，会务管理系统可以轻松实现会议活动管理、会议签到、会议信息发布、车辆安排等相关功能。

(二) 智能化手段的使用

1. 会议签到方式智能化。签到是一些大型会议、重要会议的必要环节，对于提升会议效能、保障会议安全等具有重要意义。会议组织者对这个环节一般都比较重视，往往会提前制定签到预案，必要时还会充分预演；签到产生的相关资料会后还要妥善保存，以备日后查询，重要会议的签到资料还要整理归档。鉴于签到的重要性，近年来，会议签到的方式方法不断改进完善，一些创新型签到方式开始广泛应用，并在实践中取得了良好效果。

目前，新型会议签到方式主要有以下几种：

（1）磁卡签到。会前制作好包含有参会者个人信息的磁卡会议证，参会者持卡进入会场时，把磁卡放入签到机内，签到机即把参会者姓名、号码等信息传输到工作人员的计算机，并在计算机上迅速准确地显示出来。签到手续完成后，参会者取回磁卡。全部人员签到结束时，计算机可立即统计出出席人数和缺席人数。这种方法适用于人数较多的大中型会议。

（2）通道式签到。这是磁卡签到升级版的一种签到方式。近年来，射频识别技术快速发展，射频识别远距离会议签到系统被广泛采用，即使是磁卡会议证放在公文包、手提袋、口袋中也能实现远距离签到，而不必把磁卡放入签到机内。通道式签到就是在会场入口放置类似超市出口安全门的两条通道，参会者通过会议签到入口，系统就会快速识别验证其个人信息，并在前方或侧面等离子大屏幕上显示欢迎信息。采用通道式签到方式时，参会者正常行走即可，不用刷卡。目前，通道式签到主要应用在各级人民代表大会、政协会或一些比较高端的论坛或峰会中。

（3）手持式智能签到。在具备 SD 卡接口的笔记本电脑、掌上电脑、智能手机上插入一个 SD 卡接口的无线射频识别读写器，配上相应的签到软件，就可以成为一个具有无线射频识别读写能力的手持式读写器。这种读写器采用 Wi-Fi 无线局域网通信，可实现移动远距离会议签到，室内距离可以达到 80~100 米，并且数据传输速率较高。

（4）二代身份证签到。使用二代身份证读写器直接读取参会者的身份证信息，与参会数据库比照核对。这种签到方式不需要提前准备，节约了成本，但从技术角度看，因为直接读写二代证会显示参会者的籍贯、家庭住址等信息，有侵犯隐私的嫌疑。采用这种方式时，需要提前通知参会者携带二代身份证，并要求会议登记信息与二代身份证相符。

（5）指纹式签到。采用指纹式签到，需要在会前进行参会者指纹等信息采集，由数据库服务器、计算机和指纹采集平板构成会议签到系统，对参会者进行现场签到记录和身份认证，并将参会者的个人信息记录在签到处的计算机上。指纹签到安全性高，未登记的指纹无法通过验证；参会者无须佩戴任何证卡，避免了因证卡丢失而无法进入会场等情况的发生。参会者只需在会场入口处按下指纹，验证通过后即可入场，签到快速方便。

（6）手机二维码签到。将参会者信息保存到二维条码中，利用群发彩信或短信技术，将信息发送到参会者手机上。会前，参会者出示二维码彩信或短信，通过特殊的二维码识别设备读取参会者信息，完成会议的电子签到。这种方法看起来比较时尚，但在实际应用中因为要翻看手机，比较烦琐和费时，效率较低。

此外，新型签到方式还有两种。一是条形码签到，即在会议证上粘贴或者打印条形码，参会者持证入场时，由工作人员扫描条码完成会议签到。二是人脸识别智能会议签到，在会场入口，通过现场的摄像头对参会者进行快速拍照，直接在屏幕上显示签名，这种方式会因为拍照而影响签到速度，因此较少使用。

2. 安保工作智能化。通过视频监控服务，包括布控球定点监控、单兵监控、车载视频监控等，在会场、餐厅、周边道路等区域设立监控点，现场视频和数据通过网络实时传送到后台监控平台，实现对会议的 24 小时全方位监控。工作人员可以通过手机及时了解人员集散情况，做好会务调度、餐饮保障工作。

3. 会议整体智能化。顺应资源节约型社会发展的要求，会议组织运作方式也应与时俱进地加以改进，推进到一个新的阶段——智能化阶段。借助多媒体会议终端配备和"低功耗"流程设计，将会议签到、实时发言、交流讨论、投票表决、文件和数据服务、同声传译等进行一体化技术整合和革新，通过全电子模式实现交互式会议控制和管理，以便捷、高效地操作实施智能化会议。会议整体智能化将是今后会议转型升级与持续发展的必由之路，也是会务组织智能化的发展方向。

第三章 会中工作

从与会人员到与会地点报到至闭会后与会人员离开会议地点，这期间的会务工作属于会中的相关工作。本章主要介绍的内容包括会议接待、会场服务、食宿服务、后勤保障服务、会议纪律、会场应急等工作。

第一节 会议接待

一、接待流程

（一）信息掌握

这主要是了解与会人员的基本情况，包括与会人员的姓名、性别、单位、职务/职称、民族、所乘车次/航班、出发和抵达时间、返程安排、联系方式，必要时还可以了解兴趣爱好、随行人员、注意事项等其他信息。这是非常重要的基础性工作，将为后续工作做好准备。

(二) 食宿安排

这属于生活服务管理,关于食宿的具体地点及时间可以提前以纸质通知或者邮件及手机短信发送给参会人员。负责食宿的部门及人员应该热情、周到、文明、礼貌地做好接待工作,给参会人员宾至如归的感觉。如与会人员有特殊的饮食要求,需做出相应安排。

二、注意事项

(一) 轻车简从

与会人员前往开会地点,要轻车简从,按政策规定不配秘书的领导干部不得带随员,主办单位不接待陪同人员。同一单位或地点的与会人员尽量统一安排乘车,或乘坐高铁等公共交通工具前往。

(二) 不迎不送

一般情况下不搞迎接仪式,不到车站、机场、高速路口迎接与会人员。对于一些高级别领导干部,按规定由相关人员在会议住宿宾馆门口迎接即可。其他与会人员可安排专人在车站机场设立接待点。

(三) 标识显著

在接待点要竖立醒目的接待标识,方便与会人员辨识。对于人数很少的个别接站,接待人员可以手举书写"欢迎××先生/女士"的欢迎标识。

会务组织

第二节　会场服务

一、发放资料

会议文件材料的发放，要切实做到准确和及时。

（一）准确

准确，在这里主要包括两方面：一是发给谁以及谁批准，有固定的范围对象；二是发送的文件材料数量要准确无误，密件要按保密法规管理，明确会议的文件材料目录，并如数收回。会议通知在会前合适时间发出。会议期间将向与会人员发放一系列文件材料，一般包括会议须知、领导报告、会议讨论的正规文件稿、提供会议参阅的材料、指导会议的文件材料等，此外还有会议的开幕词和闭幕词、会议简报等。

（二）及时

会议的文件材料发放可以分为四个阶段。会前发出会议通知，报到时可以发放会议须知、会议指南等，会中发放会议简报以及相关文件材料，会议结束时可以发放会议决议及会议通过的重要文件。

表3-1是文件收发登记表，可供参考。

二、就座引导

与会人员现场的就座引导非常重要，能否让会议准时准点举行的关键要素之一就是会务人员能否让到会人员迅速找到就

表 3-1　　　　　　　　　文件收发登记表

文件名称				文件编号			
发放范围	1. 2. 3. 4. ……			审批人			
部门	分发号	发放		回收		备注	
		签名	日期	签名	日期		

制表人：×××　　　联系电话：××××××××　　　制表日期：××××年××月××日

坐位置并及时就座。对于人数较少的会议，只要放好座位牌，就可以让到会人员快速入座。对于一些大型的会议，如全会、党代会等人数较多的会议，主席台可以放置座位牌，但会场一般情况下不放置座位牌，可以采取编制座位表，让到会人员按照座位表的顺序就座。座位表有时采取具体到人的形式，有时采取具体到单位的形式，按照实际情况进行编制。

三、会议记录

　　会议记录是一项重要的会务工作，是把会议现场的情况详细具体地记录下来。会议记录既要真实反映会议实况，又是一

会务组织

份记录会议历史的、原始的档案。一份完整、条理清楚的会议记录，可以提供会议活动的原始信息，为形成和编写会议纪要和会议简报打好基础，为帮助会务工作人员会后更好地传递会议精神，使各项决议能够在今后工作中得到充分贯彻，同时也为执行提供依据，方便日后归档存档以及翻查。

会议记录的"记"，有详记与略记之别。略记是记会议大要，主要记录会议上的重要或重点言论。详记则要求记录的项目必须完备，记录的言论必须详细完整。若需要留下包括上述内容的会议记录则要靠"录"。"录"有笔录、录音和影像录几种，对会议记录而言，音录、像录通常只是手段，最终还要将录下的内容转换成文字。笔录也常常要借助音录、像录，以作为记录内容最大限度地还原会议情境的保证。具体如下：

(一) 文字会议记录

这是最常见的会议记录方式。它分为详细记录和简略记录。文字记录要求记录人员经过特定训练，并且熟练使用记录语言，字迹清楚，手写速度快，字要写得尽量小一些、轻一点，多写连笔字。一般来说，要择要而记。就记录一次会议来说，要围绕会议议题、会议主持人和主要领导发言的中心思想，与会者的不同意见或有争议的问题、结论性意见、决定或决议等做记录；就记录一个人的发言来说，要记其发言要点、主要论据和结论，论证过程可以不记；就记一句话来说，要记这句话的中心词，修饰语一般可以不记。要注意上下句子的连贯性，一篇好的记录应当独立成篇。在记录中正确使用省略法。如使用简称、简化词语和统称。速记录入是现在最快的录入方法，训练专门人员当速记员。一可用姓代替全名,二可用笔画少、易写的同音字代替笔画多、难写的字,三可用一些数字和国际上通用的符号代替文字,四可用汉语拼音代替生词难字,五可用外语符号代替某些词汇。但在整理和印发会议记录时,均应按规范要求处理。

(二) 图像记录

图像记录可以分为两种:一种是静态的图像记录,这对拍摄者和拍摄仪器有一定的要求——拍得清楚、全面。静态的图像记录,也和文字记录一样,把握重点详略得当。另一种是动态的视频记录。动态的视频记录相较于文字记录和图片记录有着很大的优势。它能全程记录,更客观、真实,存储方便。但其设备成本较高,而且需要培养这方面的技术人才。它们共有的特点是记录迅速、真实,空间感、时间感强,形象逼真。文字记录是一种抽象的思维记录方式,是用自己的主观思维通过文字转述给读者,并让读者领会到作者的主观思维与想法。图像记录方式则是以画面为载体,生动形象可供读者理解。它还不受语种、文字的障碍,携带方便。有些现场拍的照片可以马上打印出来给参会人员,视频可以通过社交平台进行转发。图像记录还易于复制。拍摄出来的照片或者视频可以通过批量复制,达到会议所需的要求,以最短的时间保证人手有份。

不管采用何种方式进行记录,会议记录应该突出的重点有:会议中心议题以及围绕中心议题展开的有关活动、会议讨论、争论的焦点及其各方的主要见解、权威人士或代表人物的言论、会议开始时的定调性言论和结束前的总结性言论、会议已议决的或议而未决的事项、对会议产生较大影响的其他言论或活动。

会议记录有四个显著的特点，即时间性、被动性、技术性和指导性。①时间性。会议记录的时间性强，这一方面体现在记写过程的时间性，另一方面也体现在会后形成会议正式文件的时间性。会议记录是一种即时记写的活动，要求会议记录人员要有较强的听、记能力，要把每一个音节及时、准确、完整、清楚地转换为文字符号。②被动性。会议记录过程中，会议发言人是主动者，而会议记录人员是被动者。开会时，会议记录人员事先基本无法了解发言人要讲的内容，讲什么，讲多长时间。会议记录人员要专心聆听发言内容，要做到仔细听、认真记。③技术性。由于时间紧且被动性强，会议记录工作可借助速记技术以及其他现代化手段进行辅助。如掌握传统手写速记技术，在单位内小型会议做记录，借助录音、录像、拍照等技术辅助记录等。这些技术的运用，保障了会议记录的安全、快捷、全面和准确，提高了会议记录的质量。④指导性。会议记录的内容一般情况下会为形成会议纪要，或者为一些新闻通稿提供重要依据，或者为会后的正式文件的发布提供重要的参考及补充，最终为指导推动会议议定事项或会议精神的贯彻落实提供最重要的依据。

会议记录与会议纪要的区别在于：第一，性质不同。会议记录是讨论发言的实录，属事务文书。会议纪要只记要点，是法定党政公文。第二，功能不同。会议记录不公开，无须传达或传阅，只作资料存档；会议纪要通常要在一定范围内传达或传阅，要求贯彻执行。第三，载体样式不同。会议纪要作为一种法定公文，其载体为文件，享有《中国共产党机关公文处理条例》（以下简称《条例》）、《国家行政机关公文处理办法》（以下简称《办法》）所赋予的法定效力。会议记录的载体是会议记录簿。第四，称谓用语不同。会议纪要通常采用第三人称的写法，以介绍和叙述情况为主。会议记录中，发言者怎么说的就怎么记，会议怎么定的就怎么写，贵在"原汁原味"不走样。第五，适用对象不同。作为公文的会议纪要，具有传达告知功能，因而有明确的读者对象和适用范围。作为历史资料的会议记录，它不允许公开发布，只是有条件地供需要者查阅利用。第六，分类方法不同。会议纪要的种类很多。按内容划分，它可分为决议性纪要、意见性纪要、情况性纪要、消息性纪要等；按会议的性质划分，它可分为常委会议纪要、办公会议纪要、例会纪要、工作会议纪要、讨论会纪要等。而会议记录通常只是按照会议名称来分类，往往以会议召开的时间顺序编号入档。对会议纪要的分类，有助于撰写者把握文体特点，突出内容重点，找准写作角度；对会议记录的分类则主要是档案管理的需要。

 例1

会议记录模板

会议名称		会议时间	
会议地点		记录人	

会务组织

续表

主持人	
参会人员	
缺席人员（原因）	
会议主要内容及议定事项	
审定（盖章）	
备注	

例2

市委办公会议纪要

十届〔2019〕××号

3月21日下午，市委常委、市委秘书长×××在市委大院2号楼2楼会议室主持召开会议，听取我市对口帮扶××市工作情况的汇报，研究和部署下一步工作。

会议认为，市各相关单位高度重视对口帮扶××市工作，严格按照省委、省政府对帮扶工作的具体要求，修改完善对口帮扶××市的总体方案，重新核算××市的相关经济指标，推进设立投资基金、推进合作共建示范产业园区、落实区（县级市）结对帮扶工作，全面启动农业、旅游对口帮扶工作，并取得了阶段性成效。市委对此予以充分肯定。

会议强调，市各相关单位要进一步增强政治意识、大局意识，继续按照省委、省政府的工作部署，针对对口帮扶工作在帮扶目标任务、产业园区建设、资金到位等问题，加大工作力度，共同做好我市对口帮扶××市的工作。

会议议定了以下具体工作事项：

（一）落实年度计划

由市帮扶办和驻××市各县（市、区）工作队以及市相关单位负责，加强与××市相关单位的沟通配合，各尽其责，着力推进联席会议审议的年度工作计划议定事项和重点项目的落实工作。

（二）推进产业园区建设

一是由市经贸委牵头，于3月底前制定工业园建设方案，完善园区管理结构。同时，制定园区产业发展指导目录和园区招商引资优惠政策，编制实施重大项目入园年度计划。二是由市帮扶办负责，于4月5日前会同相关区（县级市）制定区（县级市）合作共建一个产业园区建设方案，签订有关合作协议，推动产业园区建设。

（三）开展招商引资工作

由市经贸委牵头负责，围绕××市现有产业基础，制订落实项目引进年度计划，组织我市企业到××市实地考察和交流对接，充分利用我市重大项目推介会等招商引资平台，统一推介××市的企业和项目。

（四）加大资金投入

一是由市金融办牵头，于3月底前完成投资基金的设立工作并开始运作，为产业园区的建设和新区城区扩容提供资金保障。二是由市发改委牵头，于3月底前制订项目投资计划，为财政资金拨付提供条件。三是由市财政局牵头，于3月底前将财政资金拨付到××市账户。

会务组织

（五）做好联席会议筹备工作

要切实做好我市党政代表团赴××市考察的相关工作。一是由市委办公厅、市政府办公厅牵头，会同××市相关部门，筹备组织好各项工作。二是由市经贸委牵头会同××市相关部门，落实可签约的帮扶项目（主要是产业项目），同时筹备项目签约仪式并组织项目签约。三是由市帮扶办、市经贸委和市金融办负责，围绕第一次联席会议后与××市的对接情况（包括干部、资金、项目、产业园区等方面到位的情况）、当前所取得的阶段性成果等内容，分别准备好联席会议汇报材料。

（六）做好其他工作

由市发改委、市经贸委、市帮扶办等单位牵头，就省对我市帮扶工作的总体目标任务（主要是××××到××××年要实现的地区生产总值、人均地区生产总值等）进行科学分析，研究判断我市能否完成的实际情况，并及时向市委、市政府报告。

参加人员：×××、×××

××（市委办公厅）、××（市政府）、××（市委宣传部）、××（市发改委）、××（市经贸委）、××（市科信局）、××（市财政局）、××（市协作办）。

第三节　后勤保障服务

一、交通保障

会议前后的接送站、会议期间的必要用车、会议集体活动，都需要会议组织方提供交通服务。交通服务的主要内容包括筹备、调配、停放车辆。会议交通服务是会务组织中的一个重要环节，要求会务工作人员周到细致地做好这项服务。

（一）筹备

会议举办方就交通服务的具体工作制定实施方案。车辆筹备方面，需制定相应的会议用车制度，避免用车混乱、职责不明等问题的发生。人员筹备方面，应对司机和随车人员进行专业、细致的服务培训。

（二）调配

车辆调配方面，首先明确参会人员的数量、级别，合理安排用车类型以及数量，同时要考虑到备用车辆，确保万无一失；其次，会议用车要合理分配，对每类用车需求都应明确，尽可能固定用车。人员调配方面，应共同安排好随车人员，如遇到突发情况，要有后备人员及时补充。

（三）停放

会议车辆的停放应该提前安排妥当，以避免造成混乱，方便参会人员参会及散会时集中用车。特别是对于大中型会议，应该准备足够的停车场地，可根据之前确定的筹备方案到停车场预定停车位置。同时，要做好预案，在遇到突发情况时如何调整车辆停放，以备不时之需。

会议交通服务的工作安排比较复杂。交通保障分为公共交通和宾客用车、内部人员常规用车、紧急车辆调度。公共交通安排应该确立好路线，路线安排的原则应该是照顾到每一位参会者住宿的地点，以及参会时间。为了显示举办方对会议的重

会务组织

视,可根据参会人员的级别配备相应的商务车辆并配有专属司机随时待命。除了照顾好参会人员,举办方为了提高效率,也要考虑给内部人员配备相应的车辆,这可以根据具体情况来安排。会务期间,必不可少地要提供紧急调配的车辆(备用车辆),这些备用的车辆可以在其他的车辆发生变故的时候替换。

最后,所有车辆司机在任务执行完毕后,需向后勤车辆负责人汇报,并随时待命。所有车辆调配需由后勤车辆负责人统一调配。

需要注意的是,如在同城开会,一般情况下都不安排车辆接送,由参会人员自行搭乘公共交通工具前往会场。会务工作人员可以提供搭乘交通工具的方式及路线,以供参会人员参考使用。

二、通信保障

会议的通信保障工作的基本要求是迅速、准确、稳定、保密。根据会场通信的相关要求,与电信部门取得联系,保证会议正常使用的电话、电传、电子邮件、数据通信电路等通信功能畅通无阻。

根据需要可成立通信保障组,专门负责会议期间通信网络的安全和畅通。制定会议内部应急保障措施和预案,对会议场所内的网络设备进行检查、规避隐患,落实预案计划。负责通信保障工作的人员要实行 24 小时值班,出现问题,有人及时处理。一些重要会议有较高保密要求,会场需屏蔽通信信号,不带手机等通信设备进场,确保安全。目前,一些层级较高的会议（如省委常委会、市委常委会等会议），会在会场外设置存放手机的柜子，参会人员进入会场前都必须将手机存放在指定位置，散会后才可以取走。

三、医疗保障

医疗卫生事件和突发公共卫生事件是会务组织主办方要极力避免发生的。因此要确保会议活动期间不发生食物中毒事件、传染病疫情流行事件、伤病员的延误救治事件、医疗保健工作不到位的事件，保障会议参与人员的身体健康与生命安全。

一般情况下，中型会议都应设驻会医生，一般的疾病可方便就诊。如发生突发重大疾病及其他卫生医疗事件，要及时与有关医疗卫生单位联系，并进行妥善处置。

会议期间产生的医疗费用，按卫生医疗有关规定处理，确有必要的，可纳入会议经费预算。

四、安全保障

根据会议的性质、规模、内容、参加人员的级别确定会议开展相应规模的安全保障工作。一般来说，它可以分为大规模安全保障工作和一般性保卫工作。国际性会议、党和国家的重要会议、大型会议（如省级代表大会，市、县有相当规模的群众大会），或内容十分重要、需要绝对保密的中小型会议，都应设立专门的会议安全保卫工作组。而其他的中小型会议，如无特殊需要，由会议举办方组织安排安全保障工作，做一般性保卫工作。

会务组织

（一）制定方案

在会议举行前，会议举办方应成立安全保障工作小组，根据会议的相关需求，制定安全保卫工作方案。方案内容包括组织领导、职责分配、具体工作要求、紧急情况处理和事后总结。紧急情况的处理方案能够保证在关键时刻，为安全保障小组提供清晰的思路来解决问题，将损失降到最低。会议前，确保安全保障小组与各单位取得联系，特别是要与机场、车站、会场所在地及住宿酒店等加强联系。

（二）勘察环境

在会议开始前，会议保障小组要对会议现场和场外环境进行全面勘察和评估，熟悉环境并主动排除不稳定因素。同时，在会议期间也要严格把关会场人员的进出，如有条件进入会议，会场人员要进行安全检查，坚决防止境内外敌对势力的破坏。

（三）维持秩序

会议期间要维持会议场所秩序，特别要注意防爆、防恐，维护会场秩序，保护参会人员人身安全。会议安全保障小组应该集中力量，灵活机动地安排好安保工作，既不要影响到会议的正常进行，又不能麻痹大意、放松警惕。同时，还要制定有效措施，做好劝阻非正常集体上访事件，确保会议不受干扰。

（四）保障安全

安排巡逻小组，加强与各相关单位合作，对与会人员下榻的酒店、就餐饭店进行常规或专项检查。会议期间，会议安全保障小组也不能放松警惕，要密切留意会场动态，做好各项安全保障工作，确保与会人员的人身安全。

五、食宿保障

会议饮食服务质量直接关系到与会人员的身体健康，因此，会议举办方应严格按照国家有关部门规定的标准，尽最大的努力满足与会人员在饮食方面的合理要求。同时，还要适当照顾特殊人群。另外，除了照顾按时用餐的人员之外，还应考虑到因会议等原因延误用餐的人员，给他们预留饭菜。会议举办方应做好会议餐饮的服务工作，努力为与会人员提供健康、营养、美味的餐饮。

1. 会议用餐地点、用餐方式。会议用餐地点应尽量选在距离会场较近的地方。会议举办方可选择既能提供各种会议室，又能为中大型会议提供会议餐饮的酒店或会议中心。会议工作人员应仔细考察用餐地点的具体情况，综合比较之后确定合适地点。会议期间，正式的进餐时间为早上、中午和晚上。会议工作人员应根据参会人员对三餐的不同要求，安排适宜的用餐方式。根据中央八项规定的要求，会议一律实行自助餐制。严格执行会议用餐的标准，应强调厉行节约，坚决反对浪费。

2. 住宿服务。会议前，要对备选会议住宿供应机构进行考察，考察的要点包括会议的类型、与会人员的层次、议题的重要性、不同与会人员的住宿标准和接待规格、住宿酒店的综合实力、酒店的地理位置、会议期间可供使用的房间总数、酒店房型、客房的服务质量以及安排消防设施。目前，对公务人员的住宿标准有比较严格的标准，如财政部印发的《中央和国家机关工作人员赴地方差旅住宿费标准明细表》就明确规定各级

会务组织

干部赴各地出差的住宿标准。除此之外，如果与会人员不在会议统一安排的宾馆住宿，自己安排住宿的要报告具体位置，获得同意才能自行安排，费用自理。

第四节 会议纪律

一、会议纪律的重要性

会议纪律是会议会风的具体体现，也是工作作风的一项重要内容。良好的会议纪律有利于促进作风建设，也有利于塑造良好的单位形象。因此，会议主办方要充分认识严肃会风会纪的重要性和必要性，把严肃会风会纪作为贯彻落实作风要求的相关举措，各单位各部门要切实增强纪律意识和效能意识，自觉遵守会议纪律要求，严格按要求认真参加各类会议，着力解决会风不严、文风不实、话风不纯的问题，保持良好的会风会纪，积极推动各项决策部署的落实。

二、会议纪律的执行

会议有严明的纪律，与会人员都应严格遵守。严肃会纪、严明会风有关规定主要有以下四点：

（一）严格会议请假制度

凡有明确参会对象的，与会人员原则上不得请假；确有特殊情况不能参加者，必须提前向主办单位请假，报告详细事由，并指定相关人员参会。未经批准，不得无故缺席或擅自安排其他人员代会。

（二）严格会议报到制度

与会人员要按会议通知要求持会议通知到指定地点报到，按时出席会议，不得无故迟到或早退。没有履行报到手续又没有说明原因的，按缺席会议处理。

（三）严格遵守会场纪律

与会人员要严格遵守会场纪律，自觉维护会场秩序，集中精力开好会议。会议期间，要关闭通信工具或将其置于静音状态，严禁在会场打瞌睡、接打电话、"开小会"，自觉保持会场安静。不得随意出入会场，滞留会场外抽烟聊天，不得干与会议无关的其他事情，不得提前离会。

（四）严格控制会议规模和时间

坚持务实、高效、精简的办会原则，认真落实精简会议的各项要求，严格落实会议审批制度，严格控制会议规格、规模，可开可不开的会议一律不开，能合并的坚决合并，确保会议次数大幅度减少。不需集中讨论和现场交流的会议，能用其他形式部署工作和传达贯彻上级会议精神的，一般不再召开会议。主办单位要认真制定会议方案，合理确定与会人员，不随意扩大范围，召开的各类会议，无关人员一律不陪会。严格执行中央八项规定，坚持少开会、开短会、讲短话。一般性会议、工作会议，会期不超过两天。领导干部的大会讲话不宜过长，正省部级领导干部讲话不超过一个半小时，副省部级领导干部讲话不超过一个小时，一般性会议领导讲话不超过半个小时，大会发言不超过10分钟。领导干部下乡调研以及出席座谈会时的

会务组织

讲话提倡即席讲话，或者是领导干部亲自写讲话稿。

第五节 会场应急

一、设备应急

"互联网+"时代已经到来，办公智能化逐步普及并且逐步成熟。会议过程中，会经常使用计算机、录音笔、摄像机、相机、麦克风、音响等电子设备。例如，计算机速记目前技术已经成熟，应用较为广泛。与传统的记录方式相比，计算机速记具有速度快、效率高、强度低等特点。但机器也有一定的不确定性，偶尔也会出现问题和故障。为有效避免因机器设备故障造成的影响，就要坚持"预防为主""快速反应""分级负责"三个原则。

（一）预防为主

这主要是建立预防措施，立足安全防护、加强预警，重点保护基础信息网络和重要电子产品设备，从预防、监控、应急处理、应急保障等环节，采取多种措施，共同构筑会议智能化设备的保障体系。

（二）快速反应

会议期间一旦各种设备出现问题，应做到发现快、反应快、处置快，及时启动备份，尽量缩短受影响时间。重大或重要的会议和活动场地的关键设备应配置两套，包括话筒、扩音机、音箱等，一套在会议和活动中使用，另一套则作为后备，以备不时之需。话筒有微型话筒、手持话筒、桌面话筒、固定桌面话筒、落地式话筒和漫游式话筒。随身话筒和手持话筒有无线和有线两种。如果使用无线话筒时,就要充分做好检查,排除话音干扰,避免发出令人不舒服的声音。很多会场都曾出现过话筒临时发生故障的情况,应该引起高度重视。

(三) 分级负责

分工明确、职责清楚、分兵把守、不留空当。会议过程中,当一些设备出现故障,负责人应立刻处置,灵活处理。

二、场地应急

场地应急是会议举办方面临最多的情况,必须建立相应的应急预案。要把可能出现的状况估计充分一些,如拥堵、践踏、火警、斗殴等。要掌握场地各方面具体情况,如会场的平面图、安全通道、参会者数量、天气情况、场所设施等。有时在即将开会前更改会议场地,要用最快的速度做出调整,保证会议按时举行。

三、安全应急

会场安全因素很多,重点是要确保与会人员人身安全。消防安全是首要的,消防设施、消防通道以及防火规范等要完善。一旦火情发生,如何组织疏散逃生,要有详细的预案。此外,敌对势力的破坏、恐怖分子的攻击、爆炸等,都是造成安全问题的重要因素。现场应急处置要得法、果断,争取主动。

会务组织

四、特殊应急

会场将安全措施做好了，保障系统健全了，但是意想不到的情况还随时可能发生，如主席台会场天花板突然脱落，吊灯坠下，甚至会砸伤人；突然断电，与会人员突发疾病，都是需要紧急应对和处置的。对于这种特殊的应急，应予以足够的重视，平时多加训练，培养出良好的应对能力。相关工作人员应该接受培训，熟练掌握各种设施的使用以及出现故障时的处置方法。安保人员是现场的主要力量，遇紧急情况须及时报警，请专业人员快速到场处理。停电情况处理方面，要提前制定预防措施，事前做好场地电力、照明的隐患排查工作。应急处理方面，要维护好停电后的会场秩序，要保持安静，人员不乱走动，并通知相关人员尽快打开应急照明设备。如遇到不可抗因素需要停止会议的，必须当机立断，马上终止会议并迅速将人员疏散。例如，广东省某高校组织了大型露天的表彰会，会议开始不久天降暴雨，会场因排水系统出现故障迅速积水，为确保参会人员的人身安全，举办方立即终止会议，并及时将人员进行安全疏散。

总而言之，主办单位应充分考虑可能发生的各种意外情况，做好预案策划和应对各种突发事件的人力、物力等方面的准备。

第六节 会议的保密工作

会议的保密管理目的就是确保会议期间各项秘密的安全。

这里所指的秘密包括三类：第一类是党和国家的秘密。这类秘密一旦泄露，会给党和国家的利益造成重大损失。第二类属于内部不宜公布或者暂时不宜公开的事项，如正在酝酿而尚未确实的干部任免事项、领导人之间的意见分歧等。这类秘密一旦泄露，往往会使领导工作陷入极大的被动。第三类是商业技术秘密，如正在谈论决策并将付诸实施的企业经营战略、技术方案等。这类秘密一旦泄露，就会给企业或经济组织造成一定的经济损失。

一、会议保密的等级

确保会议保密等级是会议保密工作的重要依据。按照不同的等级，应制定不同的保密防范措施。

1. 绝密。讨论党和国家的绝密事项，研究政治、经济、科技、军事、外交等重大问题的部署和行动方案的，划为"绝密"。这是我们上面所提到的第一类秘密。

2. 机密。讨论一个地区、一个部门的重大问题，研究政治、经济、科技、军事、外交等方面活动情况的会议，划为"机密"。这种会议涉及党和国家的重要秘密，一旦泄密会使党和国家的安全和利益遭受严重的损害，保密等级略次于绝密。

3. 秘密。讨论不宜对外公布内容的会议划为"秘密"，这是保密等级中相对较低的一项；但按照法律和工作要求，列入"秘密"以上的内容都需十分谨慎。

会务组织

二、加强保密工作

会议组织部门要根据会议内容和保密规定，准确划分保密等级，并报保密部门审批。为了避免发生文件泄露、会议内容外泄等情况，我们应该加强保密管理的相关工作。

（一）强化保密意识

会议举办方和参会者都要高度重视，时刻绷紧做好保密工作这根弦，在会前要加强保密宣传教育工作，形成统一思想，切实从源头上进行预防。

（二）建立有效的保密制度

保密制度一般包括人员实名制度、文件管理制度、器材管理制度和宣传报道审查制度等。

1. 人员实名制度方面。举办保密会议时，相关工作人员和参会人员都必须履行实名制度。入场检查时，人人都必须接受检查，务必检查是否携带了录音笔、无线电话、微型计算机等智能产品，避免造成会议内容外泄。特别要注意不能让身份不明的人进入会场。

2. 文件管理制度方面。文件管理制度包括签收、登记、印刷、寄存、传递、清查清退、归档销毁等环节。保密会议的所有文件或内部会议中的保密文件应当实行严格的签收制度。签收后，签收人应当对文件的保密负责。文件登记指收发文件必须由专人负责，并实行专门的收发记录。在文件管理的各个环节中，文件登记是必不可少的。文件印刷应该严格执行保密印刷要求，不能多印、漏印。印刷过程中产生的废纸应该及时销毁。文件存放时，秘密文件按照密级存放在相应的房间或保险柜内，会议举办方应该定期派人来检查文件的存放情况，做到心中有数。会议举办单位应该安排专人传递会议文件材料，特别是密件的传递，要当面清点核对清楚后，正式签收，不能随意将文件交给普通的快递公司传递。秘密文件应该定期清查、清退。如果之前分发出去的文件，应该及时查清，如果文件丢失，要严肃查处，对相关责任人进行问责。文件经过清查清退筛选后，超过密级期限的文件可按照相关的规定进行销毁或者公开，密件都要进行立卷归档。

3. 器材管理制度方面。计算机、摄像机等器材要设专人严格管理，并认真做好维护工作。

4. 宣传报道审查制度方面。根据会议密级确定如何发布新闻信息，宣传报道时要指定专人对所有的宣传报道文稿进行审查把关，统一宣传报道的口径，严防报道泄密。

第四章 会后工作

一次成功的会议不仅需要充分的会前策划和顺利展开的会中过程,而且需要细致的会后工作。会后工作是会务工作者不可忽视的一环,它不但决定着人们对会议的整体印象,还决定着会议的结果是否能落到实处。其中,会场清理工作、会议精神传达工作、会务总结工作和会后督办工作是会后工作的主要环节,特别是会议精神传达和会后督办工作,决定着会议结果的量化落实。

第一节　会场清理工作

一、设备清理

(一)清除公共设备文件

公共设备主要是信息化设备,使用较多的是投影仪。部分会议需要运用公共设备以便讲解。由于大多数会议文件可能具有涉密性质，为了避免产生泄密事件，必须在会后及时、全面删除公共设备上的相关会议文件。应注意以下三点：

1. 在公共计算机建立新文件夹，将所使用的文件拷贝在同一位置，会后删除文件夹，保证不留死角。

2. 按规定使用 U 盘或磁盘拷贝文件，并在会后统一进行格式化。

3. 如会期较长，需要每天及时清除公共设备中的会议文件，或者安排工作人员对公共设备进行看管，防止文件在休会期间外泄。

（二）清点设备

清点设备即是对设备的种类和数量进行检查，看是否与会前一致，如计算机、放映机、投影仪、话筒、音响、录音设备、摄像机、照明设备等，会后需要及时进行清点，以防止设备丢失，造成额外经济损失。清点设备的时候应对照设备清单进行，自带设备和租用设备分开清点、分开放置，避免混淆。如果发现某些设备遗失，则需要在设备清单上登记并上报，若为租用设备，应对设备供应商进行反馈和相应赔偿。

（三）修补与报损

清点设备期间，还需对设备性能进行常规检查，根据需要进行维护维修，保证下次会议能正常使用。对于出现故障或已损坏的设备，要登记造册，及时报有关部门统一处理。若租用的设备出现问题，须及时向设备供应商反映，依照合同条款进行修补或赔偿。

会务组织

（四）归还与存放

本单位的设备应在检查无误后集中存放，或者恢复至会前状态归还各部门；租用的设备应在会后及时归还，避免保存不当造成意外损伤，也应防止超出合同期限而影响本单位信誉。检查设备是否成功归还和存放，应该完善登记手续，做到心中有数。

二、场地清理

（一）清理会议用品

清理会议用品，目的是节约成本以及更好地评估预算。会议前期，会议主办方准备的会议用品，如笔、笔记本、代表证、茶杯茶碟、饮用水等，应在会议结束后对照会议用品清单一一清点，并将回收的物品准确登记。一次性用品和饮用过的矿泉水瓶清理至垃圾箱，有些可以重复利用的应该收集起来，作为下次会议用品继续使用，如纸笔、未开封的饮用水等。清理会场要仔细，如果发现与会人员遗漏的物品，应该先将其妥善保管，联系有关部门将物品归还失主。

（二）撤走临时性布置

会场临时性布置包括起指引作用的通知牌和方向标，宣传和欢迎用的彩旗和横幅，座位上的名牌等，这些都需要在会后及时撤走，使会场恢复原状，避免给他人造成错误提示。一些装饰性的布置以及方向标等可以重复使用的物品，可以集中装箱保存，而未损坏的物品可以继续使用。

（三）打扫场地

会议结束后应安排工作人员打扫场地，为下一次会议做准备。一是将桌面和地板的垃圾清理干净；二是将桌子、椅子、门窗擦拭干净；三是将桌椅摆放整齐，恢复会前状态。若是租用的场地，则按照场地供应商的要求进行相应整理。

（四）切断配电设备并关闭门窗

会议结束后要认真检查相关电路，如有损坏及时修复，然后关闭空调、风扇、计算机、投影仪、灯光等配电设备，必要时可切断电源阀门。离开会场时要关闭门窗，确保安全。

三、有序离场

会议结束后，会务工作人员要在现场引导与会人员井然有序地撤离会场，这是会议主办方不可忽略的一项重要工作。

（一）打开所有退场通道

会务工作人员应及时打开所有退场通道，疏散人员离场。一些大型会议还会出于特殊考虑，设置妇女、儿童、残障人士专门通道，工作人员应该在退场时做好引导和服务工作。

（二）妥善安排离场顺序

对于人数较多的大型会议，主办方要安排好会后离场顺序，可分拨离开会场，也可多方向同时离场。在确保安全的情况下，尽量缩短离场时间。一般来说，首先安排主要的领导和嘉宾先行离开，接着让妇女儿童、残障人士优先离场，或者根据离场通道的方位和数量，按照会议室的座位排数、列数进行离场安排。

会务组织

（三）工作人员引导离场

退场时，每个退场通道应该安排专门的工作人员进行指引，直到与会人员全部离开会场。

（四）引导车辆安全驶离

大型会议或者是当地举行的会议，可能车辆较多，散会时，会议主办方要安排人员引导各类车辆安全驶离停车场。

四、会议文件材料整理

（一）文件材料清退

文件清退是指将文件退还给印发文件的单位或者由其指定的单位或部门，一般是针对秘密级以上的文件，普通文件一般可不清退，与会人员带回单位保管即可。文件清退是会后工作的重要环节，目的是保护会议的重要信息，防止重要信息特别是保密信息的泄露。

1. 会前确定须清退的文件，要制定文件清退目录。会务工作人员需要在会前确定哪些文件涉及重要信息，需要在会后及时回收的，制定和印发文件清退目录，并且在会前发放文件时附上会议清退目录，发给每位与会人员，要求在会后按照目录及时退还文件。

2. 会后及时回收文件，做到逐人逐件登记。为保证清退文件工作做到及时、全面，会务工作人员应该在与会人员离场前完成清退工作，防止重要文件被带离会议室。

（二）文件材料整理保存

会议结束后，要及时清退、收集既有文件材料，并认真清点，然后进行整理，按规定分门别类立卷归档或销毁。

1. 会议组卷。会议文件的整理保存，一般按照每次会议进行立卷，依据会议类型、会议规模确定组卷数量，这样既能保持每个文件的关系，又便于日后的管理和使用。如果是重要的大型会议，可以形成领导讲话材料卷、重要文件材料卷、会务工作卷等，卷内的文件材料要按照重要程度结合时间顺序进行排列；如果是部门例会或者小型的总结会，则可以按照一个会议一卷的原则，卷内的文件排列顺序可以是会议通知、会议文件及批件、会议记录、会议决定等；如果是专题研讨会，则按照会议议题立卷，卷内文件的排列顺序应该是会议安排及批件、会议通知、参加会议人员名单、会议议程、领导讲话、会议文件等。

2. 编辑会议文件。汇编文件保存的意义是为了以后的利用和借鉴，以更好地为各级领导服务，为各部门工作服务，会议后期除了需要将文件整理保存外，还需要对重要文件汇编成册，才能在以后的工作中更方便地调用这些资源。主要步骤一般是进行文件排列、制作文件目录、制作编辑说明、确定封面及字号。当然，文件汇编的方式多种多样，主体要依据具体情况而定，目的都是为了更好地开展以后的工作。

五、写好会议纪要

会议结束后，多数会议都要求写出会议纪要，这是会议的规范，也是工作的规范。会议纪要用于记载和传达会议情况及决定事项，是一种法定公文。会议纪要有纪实性、综合性和提

会务组织

要性的特点。纪实性要求如实反映会议内容，将议定事项真实客观地反映出来。综合性则是指概括会议情况和议定事项，反映出会议的基本情况和主要内容。提要性要求写作纪要时，不必面面俱到，应写重要内容，提纲挈领，一目了然。会议纪要和会议记录不同。会议纪要用于记载和传达会议决定及议定事项，会议记录则是一种纪实的原始材料，客观准确记录会议的过程，特别是与会人员的发言，主要用于备查、留存会议的真实过程。

该部分内容在前面章节已有论述，此处不再赘述。

第二节　会议精神学习传达

一、学习传达的重要性

召开会议的目的，是为了解决问题、推动工作，如果没有实现这个目标，会议就是毫无意义的。不能以为会议开过了、领导来开会发言了，就认为会议已经成功了，而是要以会议精神的学习传达、落实效果、是否有为人民群众解决问题作为衡量会议是否成功的标志。开好会议要坚决摒弃形式主义的作风，不要为了开会而开会，不开泛泛部署工作和提要求的会，力戒空话、套话。要以问题为导向，扎扎实实贯彻会议精神、落实会议决定，推动部门工作。因此，在会议结束后，更重要的是要推动会议精神的学习传达，将会议决定落实下去，这是会议是否成功的最后一步。

做好会议精神学习传达工作，主要有以下几个要求：

（一）传达及时

传达会议精神和决定事项时，一定要做到准确及时，不可拖延。在会议结束后，与会的各地区各部门以及相关单位要及时传达会议的精神，主办单位的办公室要迅速将会议主要精神和会议决定事项进行整理，撰写会议传达提纲和会议纪要，并且将相关文件一并下发相关地区和单位传达学习、贯彻落实。部分先进地区和部门在传达上级精神时，可以上午上级开完会，下午就在本地区或本部门开始传达。

（二）准确到位

准确即传达会议精神和决定事项时，严格完整按照会议的决定和精神，不走样，不增减，更不能以偏概全、曲解原义。到位包括传达学习到位、量化落实到位，切实解决问题，不能只布置不落实，只讲不做。

（三）结合实际

会议精神、会议决定事项是统一的要求、规范的原则，但各地区各单位的实际情况千差万别，会议必须提出各地区各单位结合实际的量化落实原则，杜绝形式主义。

二、撰写会议精神传达提纲

会议提纲一般包含汇报提纲、讲话提纲、写作提纲、传达提纲。会议精神传达提纲属于传达提纲的一种，主要是上级开完大中型会议后，相关职能部门梳理会议精神，按领导要求撰写的一种文书，目的是将重要的会议内容、精神列出来，以便

会务组织

于传达贯彻。会议精神传达提纲的撰写需要注意三点：一是纲要性，即把需要传达的内容纲目、要点筛选出来，突出重点，抓住主题；二是条理性，即提纲的内容必须条理清晰，富有逻辑性，主次分明，结构合理；三是时效性，即会议精神传达提纲需要在会后及时整理出来，一些决定也需要尽快落实，让会议发挥最大效果。

（一）传达主体

一般来说，负责传达会议精神的主体是有关党政机关和单位的综合办事机构，即办公室（厅），也有的会议要广为宣传，以便取得更好的社会效果，可明确职能部门为传达主体，如宣传部等。例如，省、市组织工作会议精神由组织部门负责撰写传达提纲并传达，省、市政法工作会议精神由政法部门负责撰写传达提纲并传达。

（二）传达对象

会议精神传达的对象一般是同级或下级党委、政府及有关部门。例如，县级组织部传达全省、全市组织工作会议精神，一般就是向县级党委常委会传达，或者传达到乡镇党委、县直单位党委。

（三）传达内容

会议精神传达提纲不仅包括对上级会议精神、要求的提炼概括，而且要给出本地区如何贯彻落实的建议意见等。会议精神传达提纲主要包含以下三个方面的内容：

1. 会议概要。会议概要主要包含会议举行的起止时间、地点、会议的名称、参会人员、出席的领导、议题和议程等。该部分内容可以作为单独一段放在提纲的起始处。如果是多层级、多部门的会议精神同时传达，则简要概括各个会议的情况即可。会议概要主要是为了让传达对象对会议有个简要地了解，而有时对会议时间的紧迫性和重要领导出席的描述还能凸显会议的重要程度，让传达对象重视起来，不马虎应付。

2. 会议主要精神。一般来说，会议精神就是主要领导的讲话精神和会议产生的决定。假如会议除了领导讲话外，还组织了经验交流、问题探讨，那么还应列出会议总结交流了哪些经验、探讨了哪些问题、领导做出哪些指示、形成了哪些决议、布置了哪些工作，写作人员需要对核心内容和关键字进行总结提炼，一并作为会议精神内容写入传达提纲。有些会议精神传达提纲还会加入对会议整体的评价，阐述会议召开的意义和参加会议的感受，强调会议的重要性。

3. 贯彻会议精神的具体意见。会议精神传达提纲除了要传达相关会议精神，还要提出具体落实到当地部门工作中的工作意见，其内容包括本部门贯彻落实会议精神的意见、工作安排和工作细则等，还可以预告本部门在近期将召开何种会议，或者在哪些时候实行哪些新举措，每个部门的具体分工等。

三、学习传达的方式

会议精神学习传达的方式多种多样，例如每年举行的全国人大、政协"两会"，就会运用下发文件传达、各地区开会传达、下基层走访传达和新闻媒体传达相结合的方式，在全国范围内展开广泛宣传，把会议的决定事项转化为干部群众的自觉行动。下面列举五个常见的学习传达方式：

（一）下发文件传达

下发文件传达会议精神，包含纸质文件和电子文件。会议简报、会议纪要、会议决定是主要的传达文件，有的部门还会印发工作安排等。文件的下发可能会分多个阶段，第一阶段是会议简报和会议纪要的形式学习和传达会议精神，第二阶段是下达决定事项和工作安排。

例1

中共××省委关于深入学习贯彻党的十九大精神的通知

为深入学习贯彻党的第十九次全国代表大会精神，全面贯彻落实习近平新时代中国特色社会主义思想，努力完成党的十九大确定的各项任务，根据中央部署和要求，结合××省实际情况，作出如下通知。

一、充分认识党的十九大的重大意义。……

二、坚持用习近平新时代中国特色社会主义思想武装头脑指导实践推动工作。……

三、不断兴起学习宣传贯彻党的十九大精神热潮。……

四、在决胜全面建成小康社会、推进社会主义现代化建设中持续走在前列。……

五、统筹推进经济文化强省建设各项工作。……

（二）开会传达

开会传达是传达会议精神最常见的方式之一。一般来说，全国性会议召开之后,各省要召开省级会议并进行部署,然后各市召开市级会议,将省级部署结合自身实际进一步具体化,以此类推逐级传达,将党和国家政策、决定决议等精神传达量化,落到实处。

 例2

××市委召开会议传达贯彻全省经济工作会议和脱贫攻坚会议精神(节选)

1月4日,××市委召开会议,集中传达贯彻全省经济工作会议和脱贫攻坚会议精神……会议强调,一要突出抓好会议精神传达学习。各级各部门要把学习全省经济工作会议和脱贫攻坚大会精神作为当前一项十分重要的政治任务,召开专题会议迅速传达,深入学习讨论,吃透会议精神,掌握政策依据。二要突出抓好顶层设计。全省经济工作会议确立了2019年全省经济发展的目标任务,全市上下要不折不扣抓好落实,同时要结合××市实际,进一步细化和具体化,切实找准贯彻落实全省会议精神与××市实施"1661"发展战略的结合点、着力点、突破点,科学确定××市2019年经济发展指标体系。要立足××市实际,抢抓政策机遇,紧紧围绕"六个精准"和"五个一批"要求,进一步完善"3659"脱贫攻坚策略,抓紧出台××市的实施意见。三要实现精准对接,突出抓好摸底调查。各级各部门要认真学习,深入研究,主动对接,用好政策,推动全市更多的政策落地、项目入驻和资金支持。各级各部门要抓好精准扶贫摸底

会务组织

"回头看",进一步规范建档立卡工作,为实现全面脱贫奠定良好基础。

上级召开的重要会议,下级层层开会传达,以会议量化会议,这是传统的做法。可以探索改革的方式,采取更简便、更有效、更迅速的做法量化落实上级重要会议精神,才符合中央"八项规定"的要求,以减少文山会海,转变作风。目前,多个部门和单位采取的电视电话会议就是一种很好的方式。

(三) 召开宣讲会传达

宣讲会是党和政府组织宣讲人员或讲团,分赴各地区各单位宣讲党和国家重要会议精神,传达学习党的重要决策和决议,并结合当地情况提出一些建议的活动。介绍用人单位、社会组织及团体的性质、影响等信息内容,旨在宣扬自身文化、精神、目标,提升自身社会影响力,提高公众关注力度,同时也兼顾宣讲主体的社会责任义务,推进企业、社会组织及团体的社会认知度的活动。政府举办的宣讲会一般是为了传达党中央的政策、决定,结合当地发展情况提出一些建议,并让群众干部了解并支持政府部门相关工作的展开。

宣讲会的举办形式主要有现场宣讲会和媒体宣讲会两种。一般来说,较为重要的会议精神采取现场宣讲会的形式,但随着科技和网络的发展,人们为了顺应智能化和网络化的潮流,大多采用成本低、便捷、图文并茂的媒体宣讲会(广播、电视、网络宣讲会),可让更多的人收听和收看,并能取得更好的效果。

 例3

××省××市××区举办传达市委常委扩大会议精神暨习近平总书记对我省工作重要批示精神宣讲会（节选）

××区党工委书记在会上提出两点工作意见：一是把思想统一到习近平总书记对我省工作的批示精神上来，积极主动融入组团式发展战略。通过集聚高端要素，打造中心组团核心经济走廊，集聚中心城区60%以上的现代生产性服务业；通过着力推动中心商务区的物理空间从条状布局向"井字形"布局延伸，变集聚街区为集聚社区，实现提质扩容；全面推动"3.28"签约的460亿元招商项目落地，尤其是××西总部、两个特色小镇等项目，在中心组团发展中充分发挥核心竞争力。二是要主动担当，勇于作为，为××区新一轮发展注入强大动力。发挥好转型升级的"发动机"作用，致力打造产、城、人、文融合的特色小镇；发挥好招商引资的"加速器"作用，多争取优质项目落户××区；发挥好创新创业的"助推器"作用，制定好产业项目和人才吸引的政策；发挥好环境品质的"动力阀"作用，持续提升宜居宜业宜游的环境品质。各部门、各单位要以学习贯彻习近平总书记对我省工作重要批示精神为契机，发挥敢担当、勇作为的精神，全力做好××区的各项工作，确保完成市委市政府交给××区的各项指标任务。

（四）下基层走访传达

党员干部多到基层走一走，是坚持党的群众路线、密切联

会务组织

系群众的有效途径，领导干部要多下基层、多接地气。只有经常多走群众路线，才能发现自身更多的不足之处，听到群众反映的心声、迫切反映的问题，才能更好地为群众服务，让人民群众深入了解党和国家的路线方针政策，及时、全面了解党和国家的重要决策和重要会议精神。因此，下基层走访的形式，让政策和决定传遍千家万户，惠及全国人民，是一种值得提倡的好做法。

 例4

××省××县组织书记下基层宣讲党的十九大精神

日前，××省××县拉开了全县范围内"千名书记"宣讲党的十九大精神序幕。

为了第一时间把党的十九大精神传达给党员干部、送到群众身边，××县及时下发了《关于开展"千名书记"宣讲党的十九大精神的通知》，把学习宣传党的十九大精神作为各级党组织书记当前和今后一个时期的首要政治任务来落实。按照"三到、五进、两不留、全覆盖"的要求，迅速掀起学习宣传贯彻热潮。即各级党组织书记宣讲要到所在支部、分管部门和挂钩联系村（社区），广大党务工作者宣讲要到基层一线、田间地头，骨干党员宣讲要到企业、厂矿；推动党的十九大精神进机关、进校园、进社区、进企业、进农村，做到不留死角、不留盲区的"两不留"，实现全面性覆盖，真正让党的十九大精神在党员心里开花、在群众心里生根。

在宣讲过程中,全县各级党组织密切联系实际,采取座谈讨论、知识竞赛和小品、歌舞、快板等群众喜闻乐见的形式,用生动形象、接地气的语言进行宣讲,少数民族地方开展"双语"宣讲,切实把党的十九大精神讲清楚、讲明白、讲透彻,让干部群众听得懂、能领会、可落实。

(五)新闻媒体宣传

习近平总书记在 2016 年召开的党的新闻舆论工作座谈会上强调,党的新闻舆论工作是党的一项重要工作,是治国理政、定国安邦的大事,要坚持以人民为中心的工作导向,尊重新闻传播规律,创新方法手段,切实提高党的新闻舆论传播力、引导力、影响力和公信力。新闻媒体是党和政府与人民沟通的重要渠道,是传达精神的放大器。一些重要的、涉及范围广的会议精神的传达需要新闻媒体的积极参与和配合。

例 5

新闻媒体对于党的十九大的报道

1. 人民网
让党的十九大声音传遍每一个贫困村
2. 新华网
推动党的十九大精神落地生根——学习贯彻习近平总书记在中央政治局民主生活会重要讲话
3. 中国青年报
学习宣传贯彻十九大精神,从共青团改革再出发做起

4. 新华网广东站

广东省特检院：深化改革，把好民生质量安全关

第三节　会务总结工作

一、会务总结的必要性

总结是提高工作人员思想素质和促进工作进展的一项重要工作。会议结束后，要及时进行会务工作总结，对取得的成果和出现的疏漏进行梳理和反思，争取使下次会议开得更好。有的会务工作总结还作为大会的留存材料，连同会议文件、会议记录、会议简报等，一并作为完整的卷宗归入档案。

（一）会务总结是提高办会能力的重要途径

在会务总结中，全面、深入地回顾会议期间所取得的成果，总结会务工作中的宝贵经验，对工作既定目标、会议决定事项是否得到落实和落实不到位的原因进行分析，从而提出解决问题的建议，是提高会务工作人员办会能力的重要途径。一些好的思路做法，要总结出来，在以后的会议中借鉴；一些做得不够完善的地方，以后也需要多加注意，逐渐提高会议质量。

（二）会务总结是寻找工作规律的重要手段

任何一种事物、一项工作，都存在内在联系、外部制约，都有其自身的运作规律。遵循这些规律办会就能顺利达到预期目的，而要寻找这些规律，则要善于进行会务总结。特别是对于做好工作的经验和工作失误的教训，都将对未来的会务工作

起到很好的借鉴和指导作用，都应将之作为宝贵财富加以积累。

（三）会务总结是推动工作落实的环节

会议结束后，及时对会议精神和决定进行总结和整合，各单位和部门结合自身实际，做出工作安排，以确保会议精神的贯彻落实。总结中对会议决定事项有无落实到位进行评估，可以督促相关部门高效工作。

二、会务总结的方式

（一）开会总结

会务总结一般是以开总结会的形式进行，全体会务工作人员参加。总结会通常根据需要进行总结和表彰，对存在问题进行分析，总结经验，吸取教训。

总结会一般包括以下内容：

1. 总结会议内容；
2. 表彰对会议做出突出贡献的部门和人员；
3. 各部门汇报工作落实情况；
4. 商讨部署接下来的工作内容；
5. 提出建议，总结经验。

（二）文字总结

对于一些特别重要的或大型的会议，会务人员也应做出文字总结，认真总结成功的经验和做法，找出不足，进行归档并长期保存，以供参考。

文字总结完成后，要报送有关领导和单位审阅，引起领导对会务工作的重视，促进会务工作的提高，也可以在部门编辑

会务组织

的内部刊物对会务工作的亮点进行总结发布，还可以将特大型的会务总结的部分可公开内容向全国性的权威性秘书工作刊物投稿。

三、会务总结的写作

（一）会务总结的要求

1. 真实准确。会务总结要把会务工作的情况真实全面地写出来，不夸大、不缩小、不弄虚作假。

2. 重点突出。会务总结需要找出重点内容，而不是面面俱到和追求内容大而全，注意要把会务工作中最值得总结的地方写进去，如创新的做法等。

3. 总结经验。会务总结不仅需要总结成果，而且要总结经验，发现规律并善于运用规律。

（二）会务总结的内容

会务总结主要需要考虑以下几点：会议的召开是否必要？会议准备工作是否充分？会议原定目标是否达到？会议议程是否合理？会议决议是否得到贯彻落实？

具体内容包含以下三部分：

1. 会议概况。会议概况包含会议名称、会议时间、会议地点、会议主办单位、会议的主题和议题、出席会议的主要领导、会议代表人数及构成（会议代表的单位、职务、研究领域、学术专长等），对会议情况做出简要概括。

2. 会议过程和成果。这部分是总结的重点，包含会议的过程、会议成果和经验，特别是开好会议的新举措、新做法等。

例如，有的会议为转变会风，讲短话、少讲话，限定领导讲话和发言时间，时间一到，智能监测设备自动提示并发出指令，效果很好。

3. 会议评价和反思。会议评价需要对会议是否达到既定目标进行评估，还可以对表现突出的会务工作人员进行表彰。同时，对于会议情况的反思，如会议是否达到预期目标？会议议程是否科学合理？会议组织工作是否完善？对于会议期间出现的问题和疏漏，也应进行检查和反思，找出存在问题和不足之处，吸取教训，避免此类现象再次发生。

（三）会务总结的结构

会务总结一般包含标题、正文和落款三部分。

1. 标题。总结的标题可使用公文式格式标题，如"×××关于×××的总结"，也可使用文章式标题，如"发展中的×××"，还可以使用新闻式双标题突出重点，如"创新管理，狠抓落实——对于×××工作总结"，正标题揭示会议主题或展示会议精神，副标题介绍会议时间、单位、内容等。

2. 正文。会务总结的正文包含导语、主体和结尾。

（1）导语。一般来说，导语是会务总结的第一段，是用精炼的文字，将会议的主要内容概括出来。导语开门见山，提出问题，交代背景，同时简要交代会议基本情况包括时间、地点、名称、会议过程以及会议成果。

（2）主体。主体是会务总结的重点。一般来说，这部分主要详写会议过程与方法、成绩与经验、不足与教训。会议所取得的成果及取得成果的原因和条件要找出规律，得出经验。会议的不足要进行反思归纳，避免再次发生。

（3）结尾。结尾简明扼要，一是对主题的高度概括和强调，给人们留下深刻印象。二是可以用一段简短的语言对未来工作进行展望，让人们充满信心和斗志。

3. 落款。会务总结的落款是承办会议的单位名称以及时间（有时候还要加上单位公章）。如果在标题中已经写了单位名称，那么在落款处只写时间即可。

下例实质也是会务工作的总结。

 例6

中国（广东）政府管理创新国际研讨会总结

××××年××月××日至××日，中国（广东）政府管理创新国际研讨会在广州隆重举行。在中央和国务院有关部门的积极指导下，在省委、省政府的高度重视下，在各有关部门的大力协助下，在参会代表的一片感谢声中，会议圆满地画上了句号。此次会议在社会上也引起较大反响，对推动广东乃至全国政府管理水平提升、促进广东哲学社会学科繁荣发展具有积极意义。

一、主要收获

这次研讨会成果丰硕，对于承办研讨会的省×××也收获良多。

（一）交流了信息，研讨了问题。……

（二）广交了朋友，宣传了广东。……

（三）锻炼了队伍，积累了经验。……

二、主要做法

这次研讨会我们在借鉴国内办会的有益经验基础上，结合广东实际进行了探索和创新，主要特点及做法是：

（一）主题突出，切合行政体制改革的重点。……

（二）形式多样，构建政府创新的交流平台。……

（三）强化宣传，扩大研讨会的社会影响。……

这次会议取得较好成效，但也存在一些需要改进的地方。一是专题板块设计不够完善，使一些较好的论文由于无法对号入座失去了发言机会。二是发言嘉宾选择还不够理想。三是会务工作细节把握还不够严密。

三、几点体会

（一）认真筹划准备是开好研讨会的基础。……

（二）主动争取领导支持是开好研讨会的关键。……

（三）努力协调部门关系是开好研讨会的前提。……

（四）扎实做好工作是开好研讨会的保证。……

广东省×××
××××年××月××日

第四节　会后督办

一、会后督办的重要性

督办是对工作任务执行情况进行监督检查，并督促执行以提高完成质量，是贯彻上级精神、保证决策实施、狠抓工作落

会务组织

实的重要手段，是提高党政机关执行力的有效途径。会后督办工作是十分必要的，能体现出领导班子的执行力，决定着会议决策能否落到实处。

（一）切实加强督查督办工作，是加强领导班子和领导干部能力建设的必然要求

加强督查督办工作，有助于维护各级党委、政府决策部署的严肃性和权威性，确保政令畅通；有助于强化行政效能，提高工作效率和各级领导掌握新情况、新问题，及时调整完善工作部署，提高决策能力。督查工作是检验决策和实现再决策的重要途径，是推动决策落实的重要手段，是提高工作效率、实现有效管理的关键环节，是改进干部作风的有力举措。

（二）加强督查督办，是顺利实现会议议定目标的重要保证

各类会议都有其明确的目标，只有通过决策的执行系统实施才能实现。如果没有强有力的督促检查手段，在决策的执行过程中就有可能出现落实不到位的环节和问题，如果落不到实处，就达不到应有的效果。

（三）加强督查督办工作，是解决工作中的问题，加快社会主义现代化建设的现实需要

当前，我国改革、发展、稳定的任务艰巨而繁重，而一些单位和少数领导干部身上还存在着只开会不落实、只布置不检查、会议做出的决策决定落实不够的情况。会议开完后，要迅速将会议决策转为督办事项，启动督查督办程序，逐次落实。

二、会后督办的要求

会后督办不能泛泛而谈,要制定贯彻落实的具体要求,分解督办内容,规范主次,紧紧围绕目标任务,"马上办、盯住干、干到位",务求实效,督出效果。

(一)明确时间节点

从会议精神的贯彻落实,到会议决定事项的分工明细,都必须明确时间节点,任务何时完成,何时到达哪个进度,必须要有明确的时间限定,如"今天之内""5月10日之前"等确定的时限表达,而不能用"一个月左右吧""尽量""尽快"等含糊的词语。工作的起始时间、结束时间,在哪一天需要达到哪种要求,不仅需要在传达工作的时候标示清楚,而且负责督办的人员需要对应每个时间点,对承办部门进行监督检查,看是否达到预期要求。如果没有按时完成,就要查明原因,视情况做出相应处理。

(二)明确责任单位或个人

明确责任单位或个人可以有效减少人员随意推诿责任,影响工作进度的情况。主要包含两个方面:

1. 会议决定事项的贯彻需要专人负责。在传达会议决定事项时,不仅要将任务责任落实到单位,而且要具体到主要责任人。如果发生会议决定逾期未处理等情况,就直接追究主要责任人的责任,以此确保各个环节工作的顺利推进。

2. 督办工作也需要将督查事项按相应业务领域落实到人,由专人负责全程督查、协调和推进,直至该事项全面完成。督办人员负责某一督查任务后，作为督查事项的主要责任人，全程参与该事项的督查落实工作。督办人员应督促相关部门在督查时限内及时落实任务，将各环节进展情况及时向上级汇报，凡超过工作时限未能完成的应调查原因，提出下一步推进意见和措施，确保全程一贯式推动工作落实。

（三）明确考核要求

会议决定事项是否得到落实？落实情况如何？督办人员需要对照考核标准做出评判。考核标准需要明确化，要在允许一定误差的情况下，制定一些硬性指标，用实际的数据说话。如"每月群众投诉低于5次""年底前启动×工程开工工作"，避免出现"大约""大概""几乎"等词语作为评判标准。只有这样，才能体现政府和领导班子的执行力，会议决定事项才能得到贯彻，也能避免相关人员在落实工作的时候随意应付、蒙混过关。

三、会后督办的步骤

（一）立项

会议产生的重大决策和工作部署（包括文件、会议纪要的决定事项等）出台后，督查督办工作机构要正式进行登记立项，按照一定程序报批后，及时向有关单位或职能部门发出"督办通知"，明确承办单位需办理的具体内容、完成时限和办理要求。

 **例 7**

督字〔2018〕××号

关于×××的督办通知

×××：

根据×××，现将关于×××的决定事项交由你单位牵头办理（详见附件），为了及时向市领导汇报上述事项的落实情况，请贵单位于××月××日前将办理情况（包括书面报告和电子版，书面报告加盖单位印章）反馈到市政府督查室，在办理过程中遇到需要协调解决的问题，请及时与市政府督查室联系。

附：×××会议拟定事项督办表

×××市政府督查室
××××年××月××日

（联系人：×××，联系电话：××××××××，邮箱：×××）

需要强调的是，即使会议已有议定事项，督查部门所做的立项应完成必要的报批工作。例如，某次市委常委会拟定了 10 个工作事项，明确了相关牵头人和牵头部门，市委督查室（科）立项后应该再次按程序呈文报批后才可发出。

（二）跟踪督办或催办

跟踪督办或催办是指督办人员对有关单位或部门落实会议决定事项办理情况的检查和催促。主要催办方式有三种：一是发文催办，即向执行单位发送催办函或催办通知书，写明需要贯彻的决定和任务，办理要求和期限，并将办理结果以书面形

> | 会务组织

式进行汇报；二是电话催办，通过电话进行沟通更加便捷、高效；三是上门催办，督办人员直接到达执行单位，与相关负责人面对面交流，督促落实工作，一般用于较为重要、紧急的事项。跟踪督办或催办的主要步骤包括：

1. 根据"督办通知"所要求的完成时限和办理要求，以电话、书面或上门等形式了解各项工作的实施计划和办理情况，及时向有关领导汇报。

2. 对超过完成时限仍未反馈办理结果的，及时查问原因，如有必要须发出"催办通知"进行催办。对久拖不办的，要到责任单位向责任人当面督办。

3. 对一些涉及多个单位（部门）而久拖不办的事项，要及时做好协调工作，协调未果的，向分管领导汇报。

 例8

市委督字〔2018〕××号

关于市委督字〔2018〕××号的催办通知书

×××：

关于×××的决定事项（市委督字〔2018〕××号）已于××××年××月××日交由你单位办理。现已过办理期限，请贵单位于××月××日前将办理情况报送市委督查室。

××市委督查室

××××年××月××日

（联系人：×××，联系电话：×××××××，邮箱：×××）

附：催办通知书

催办通知书

通知文号		催办人	
主要内容		时间	
被催办单位		督办联系人	
		督办联系电话	
办理情况			
备注			

(三) 现场调研

督办期间需要督办人员对落实情况进行督查调研，及时准确地向上级反映工作进度。对于执行单位在执行过程中出现的难题，也要重点收集反馈，以便上级及时修改方案。

1. 对一些重点、难点和重大的综合性问题以及办事处领导所关注的督查事项，要制定具体的督查方案，通过调研、检查、暗访等形式进行重点督查。督办人员应根据不同情况组织人力，以召开座谈会、深入基层和现场进行检查核实、直接接触群众、走访有关部门单位等多种方式进行督办，掌握真实、准确的第一手资料。

2. 通过督查调研掌握的有关情况、数据和资料，督办人员再进行综合整理，形成书面报告，提出建议或处理意见后报送分管领导审示。

(四) 汇总呈报

督查工作机构要根据各执行单位反馈情况，及时进行综合

会务组织

整理并报相关领导审阅。

反馈要做到以下两点：一是要及时迅速，使上级领导及时了解会议决办事项的落实情况；二是要真实准确，客观反馈执行的困难，使上级领导根据实际情况完善会议决策，尽快推动工作。

汇总呈报可以采取文字汇报、图表汇报或者综合性汇报。

例9

关于×号会议纪要推进落实情况的报告

市委：

根据×号会议纪要精神，市委督查室进行立项督办。现将各单位落实×号会议议定事项的情况综合报告如下：

一、关于×大产业项目、×项重点工程、×件民生实事推进基本情况

×大产业项目、×项重点工程、×件民生实事共可细化51项。计划第二季度前全部完成的共7项，目前完成1项，未完成6项。计划第二季度前部分完成的共8项，其中完成5项，未完成3项。具体情况如下：

（一）10大产业项目方面（细化为17项）

1. 计划第二季度前全部完成的工作目标共1项，即×××，该项工作已完成。

2. 计划于第二季度前部分完成的工作目标共2项，具体如下：

××产业基地 2 月前完成项目土地出让工作，11 月开工建设。该项工作已完成"2 月前完成项目土地出让工作"的任务。

××项目 5 月 B 栋竣工，9 月 C 栋竣工。该项工作已完成 5 月 B 栋竣工的任务。

（二）××项重点工程方面（细化为 20 项）

1. 计划第二季度前全部完成的工作目标共 6 项，即××……目前，6 项工作目标均未完成。

2. 计划第二季度前部分完成的工作目标共 6 项，具体如下：

（略）

（三）××件民生实事方面（细化为 14 项）

没有计划在第二季度前完成的工作，总体工作推进顺利。

二、牵头单位提出需市协调解决的问题

各牵头单位提出需市协调解决的问题共 6 项，其中××大产业项目 3 项，××项重点工程 2 项，××件民生实事 1 项，涉及土地规划、征地拆迁、资金等问题。

（一）土地规划及征拆安置问题

（略）

（二）资金问题

（略）

（三）其他问题

（略）

三、下一步工作建议

针对上述有关规划用地、征地拆迁、资金以及相关审批等突出问题，提出下一步工作意见：

会务组织

（一）加大督办力度

市委督查部门将在第一季度现场督办核查工作经验的基础上，继续组织开展第二季度现场督办核查工作，跟踪核实各项工作贯彻落实最新进展情况。

（二）重点解决××工作

××是关键问题。建议由市相关领导牵头，相关县党委和政府进一步履行属地管理的职责，市国土房管局、市规划局、市建委等单位加大配合力度，共同推进征地拆迁工作。同时要将市委、市政府督查部门的现场督办工作，规划部门的研究论证工作以及文化部门的文物保护工作充分结合起来，全方位统筹推进地铁线路征地拆迁工作。

（三）严格按照时间节点推进各项工作

各牵头单位要对负责的项目或工程推进情况进行全面梳理，对照目标要求和时间节点，理清影响工作进度的关键问题和困难，提出解决困难和问题的具体工作方案，加快推进各项工作进度。

（四）做好通报工作

市委督查室将及时把各项工作最新进展情况和督查结果向市委报告，同时将督办核查情况抄报市纪检和组织部门。

专此报告。

附：×大产业项目、×项重点工程、×件民生实事推进基本情况表

中共××市委督查室
××××年××月××日

(五) 跟踪落实

反馈情况报上级有关部门及领导后,督办人员还需要密切关注领导对汇报情况的批示精神,如有新的意见和要求,要及时与有关执行部门沟通,并继续做好督办落实工作,定时向上级有关督察部门和领导反馈落实情况。

按督查的有关要求,事事有回音,件件有落实,有立项,有办结。

第五章
会议文件

会议文件承载着会议的主要内容，会议的主要内容要体现和记载在会议文件上。会议文件是会议有关的文件、材料、简报的总称。在会务工作中，做好会议文件工作是确保会议圆满召开的重要保障。本章将对会议文件进行详解。

第一节　会议文件的种类

会议文件是为辅助会议顺利召开的文件和在会议中形成的用以明晰事项、规范行为的文件。会议文件种类繁多，本节将选取典型会议文件进行阐释。按照内容划分，会议文件可分为会议通知、会议日程、会议议程、会议主持词、议事规则、会议提案议案及会议记录；除此之外，还有一类会议文件，是需在大会进行讨论研究、征求意见、审核的文稿，经会议审议通过后形成正式文件印发。另外，根据会议需要，印发会议参阅的专业工作报告、领导讲话材料、会议发言材料、先进工作经验、案件情况通报等，也可称为会议材料。

一、按内容分

（一）会议通知

1. 概念。会议通知是通知的一种，用于召开会议前告知参会人员和相关工作人员会议的名称、内容、时间、地点、参会人员范围、会议准备工作等。根据实际工作需要有时可在会议正式通知发出前，及早发出会议预告通知，使下级机关安排、调整工作及做好会前准备工作；还有一种情况是在会议通知发出后，会议时间、地点等有所更改或有未尽事宜时，还需发补充通知。

2. 写作指导。草拟会议通知之前，需了解清楚会议的详细内容。这些内容一般包括会议的名称，开会的时间、地点，参会人员，要求参加会议者会前做什么准备工作等。此外，还要掌握会议通知的必备要素与写作方法。一篇完整的会议通知包括以下几个基本要素：

（1）标题。有三种写法：一是只写"通知"或"会议通知"；二是特别紧急或重要的事情，可以写"紧急通知"或"重要通知"，以引起人们重视；三是按规范标题写：发文机关+事由（会议名称）+"通知"。

（2）主送机关。即参加会议的机关单位，也叫抬头，一般使用通用的规范称呼。

（3）主体。即正文。从标题下第二行，空两格写通知的主要内容，清楚列明会议名称、会议的时间和地点、参会人员、

会务组织

会议的主要内容和议程、会前准备工作、注意事项等。

（4）署名和日期。除党的机关外，会议通知都应在署名和日期上加盖公章，以网络形式发出的会议通知可加盖数字印章。

▶▶▶ 例1

关于召开××公司×××××会议的通知

××公司各单位、机关各部门：

为××××××，××××××，××××××（目的），经研究，定于××月××日（星期×）召开××公司×××××会议。现将有关事项通知如下：

一、时间：××月××日（星期×）××：××

二、地点：××会议室（×楼×××）

三、参加人员×××××，×××××。

四、会议内容

×××××

五、相关要求

1. 请相关人员做好发言准备，发言时间控制在××分钟以内。

2. 请各单位、各部门于××月××日之前将参加会议人员名单送达××公司办公室×××，电话××××××××。

3. 请参会人员提前安排好工作，准时参会，提前××分钟进入××会议室。

××××××

××××年××月××日

 例2

××局关于召开2018年工作总结大会的通知

局机关各部门、直属各单位：

为总结我局2019年的工作情况，安排部署2020年的工作，经研究决定，将于2019年××月××日召开××局2019年工作总结大会。此次大会的主要内容是总结经验、表彰先进、查找不足，促进我局工作更加高效。大会还将对2020年的工作做出部署和安排。

一、会议时间

2019年××月××日×时

二、会议地点

××大院××会议室

三、会议主要内容

局机关各部门、直属各单位主要负责人分别汇报2019年各项工作任务的完成情况以及2020年的具体工作打算。

四、参加会议人员

局领导班子及局机关各部门、直属各单位处级以上干部

五、有关要求

与会人员要准时出席会议，无特殊情况不得请假。各单位到会场签到时请提交汇报材料一份。

×××办公室

2019年××月××日

（二）会议日程

1. 概念。会议日程是指以会议召开期间的时间为顺序，对

会务组织

各项会议活动进行具体安排，包括具体的时间、地点以及主题内容等。会议日程是为方便与会人员了解该次会议的详细事项，有利于与会人员安排时间、准时出席各项会议活动。凡会期满1天的会议都需要制定会议日程，内容包括报到、预备会、开闭幕式、见面会、参观考察等活动的具体安排。会期较紧的可把日程印成小册子，与会者人手一册。

2. 作用。

（1）为会议议程的实施提供必要的保障。会议议程是会议内容的具体安排，会议日程则是会议议程的细化，既有时间顺序又条理化，各项任务一目了然，从而保障会议议程的顺利实施。

（2）有助于会议的召开。与会者通过会议日程可以清晰明了地知晓每项议程的具体时间、地点、主题等。通过会议日程把所有活动安排一次性予以明确，使与会者心中有数。

（3）提高会议效率。举办方可在会议日程拟定的时候事先规划整个会议流程安排，把握好会议的重点与节奏，以防议程混乱无序导致无法顺利完成会议。与会者也可根据自身的需求合理分配注意力和精力，从而提高与会者参会的效率。

3. 写作指导。

（1）基本要求包括以下三点：

1）全面准确把握会议议程、仪式性活动以及其他活动之间的关系，突出会议议程安排。

2）准确预判会议中涉及的各项具体活动的时长。

3）贯彻精简、高效原则的同时又要做到劳逸结合。

(2) 基本格式包括以下四方面：

1）标题。一般由会议名称或规范化简称加上"日程安排"或"日程"组成。如×××会议日程安排。

2）题注。在大会上通过的会议日程需要在标题下方注明其通过的该项会议的名称、日期。

3）正文。会议日程的正文部分有表格式和日期式两种。

表格式，即通过表格的形式将会议日期和单位、时间、地点、内容、参加对象和活动要求展示出来。其优点是清晰明了，便于参会人员准确便捷地把握信息。

日期式，即按照日期及时间的顺序安排会议的各项议程。这是一项中规中矩的安排模式，在每项活动前都会标明起止时间和序号。

4）制定机构和日期。一般由会议组织机构的秘书处署名合署时间，需大会通过的，署明通过时间。

 例3

会议日程安排

2019年××月××日（上午）

时间	流程	主题	主持人
8：30—8：45	开幕式	领导致辞	×××
8：45—9：15	主题报告	主题：×××××××	

报告人：××××××

| 9：15—10：15 | 主题报告 | 主题：××××××× | |

会务组织

报告人：××××××

10：15—10：25　休息

10：25—12：00　案例分享　　主题：×××××××

报告人：××××××　×××

2019年××月××日（下午）

13：30—14：30　主题报告　　主题：×××××××

报告人：××××××　×××

14：30—15：00　专题会　　　主题：×××××××

15：00—15：30　主题：×××××××

15：30—16：30　大会总结　　报告人：×××××××

（三）会议议程

1. 概念。会议议程是整个会议议题性活动顺序的总体安排，是对该次会议主要讨论、解决问题的具体安排。会议议程由会务工作人员草拟，呈报审定后印发参会者，以便参会者通过会议议程了解会议情况。会议议程内容主要包括开幕式、领导及嘉宾致辞、工作报告、分组讨论、大会发言、参观或其他活动、会议总结、宣读决议和闭幕式。

2. 作用。

（1）统筹大局。会议议程是会议的总体指南，制定会议议程能够对会议整体大局有初步把握，从而统筹会议大局。

（2）利于消息公布。在会议开始之前一般都有会议议程公开这项工作，为使相关人员与单位知晓。会议日程是会议议程的具体化，不必要公之于众，会议议程在一定范围公布较为合适。会议议程更是一个沟通的平台，一个高效的管理工具。

（3）为会议主持人、音响控制人员和其他会议工作人员掌握会议进程提供操作依据。

3. 区分会议日程与会议议程。

（1）会议日程是对本次会议以及各项会议活动具体的时间安排；会议议程是为确保会议顺利召开的整体安排。

（2）会议日程中包括仪式性、辅助性活动；而会议议程是总体安排，不包括仪式性和辅助性的活动。

4. 写作指导。

（1）明确会议目标和参加者。

（2）安排各议程事项的时间顺序。

（3）确定每一项议程内容。

5. 格式。

标题：×××会议议程

时间：＿＿＿＿＿＿＿＿＿＿＿＿＿＿＿＿＿＿＿＿

地点：＿＿＿＿＿＿＿＿＿＿＿＿＿＿＿＿＿＿＿＿

主持人：＿＿＿＿＿＿＿＿＿＿＿＿＿＿＿＿＿＿＿

参加人员：＿＿＿＿＿＿＿＿＿＿＿＿＿＿＿＿＿＿

记录人：＿＿＿＿＿＿＿＿＿＿＿＿＿＿＿＿＿＿＿

议程：＿＿＿＿＿＿＿＿＿＿＿＿＿＿＿＿＿＿＿＿

一、学习××材料

二、传达×××文件精神

三、与会者围绕议题×××进行讨论

四、得出结论或采取×××措施

五、会议小结或领导发言

>>> 例4

会议议程

（××××年××月××日上午××时××分，
××省迎宾馆1号楼附楼多功能厅）

××同志主持。

一、A、B、C市分别汇报本市推动振兴发展的工作思路、主要抓手及下一步工作安排（每市汇报约40分钟）：

1. A市××同志汇报；

2. B市××同志汇报；

3. C市××同志汇报。

二、省直有关单位负责同志讨论发言。

三、省领导讲话。

（四）议事规则

1. 概念。议事规则是对会议如何召开、议题选择、讨论方式、如何表决等事项进行明确的规范性文件，主要包括议事原则和议事范围两大内容，要坚守议事原则并且围绕议事范围召开会议。议事规则要体现政治性、思想性和指导性。

2. 分类。

（1）按形式划分，可分为成文式和惯例式。成文式，即通过书面形式形成的议事规则，具有约束力。如《中华人民共和国全国人民代表大会常务委员会议事规则》。重要会议应制定书面形式的议事规则。惯例式，即在长期的会议组织活动实践中形成的不成文的议事规则，但是它同样有着规范作用。

（2）按内容集中与否划分，可分为集中式和分散式。集中式议事规则一般适用于某种会议，以"议事规则"命名。如《中共××市委常委会议事规则》，集中了这类会议议事必须遵守的条款。分散式，即具体的议事规则分散在各种法律、法规、规章、组织章程和内部文件中。

3. 作用。

（1）体现组织原则。议事规则是会议成员必须遵守的行为准则，是基本原则的体现。在会议中一般要遵循少数服从多数、下级服从上级、个人服从组织以及全党服从中央的原则，这也是中国共产党的基本组织原则。

（2）维持会议秩序。使会议程序更为清晰，同时保证会议的运作更规范。在会议进行的整个过程中，议事规则会起着一定的规范与监管作用。议事规则还能对会议准备不当而导致的问题起到一定的避免作用。在议事规则下进行的会议准备会更为规范和全面。

4. 基本内容。

（1）会议的主办方和承办方、会议时间地点、在什么情况下举办。

（2）会议的领导机构。名称、职权、分工、下设机构、人数以及产生办法和程序等。

（3）会议成员。会议成员的名额分配、与会条件要求、权利与义务等。

会务组织

(4) 议题和议程。包括成员或组织提出议案的条件、遵循程序以及议案确定的方式。

(5) 发言。与会者申请报告、质询、辩论的有关程序以及形式，同时也包括发言的时间和顺序规则。

(6) 表决。表决的程序、表决方式（举手表决、投票表决等）、表决结果公布方式。

(7) 会议文件。对会议整个过程中涉及的会议文件的规定。

>>> 例5

××市××局党组会议议事规则

为进一步规范工作制度，充分发挥党组在×××工作中的领导核心作用，根据《中国共产党章程》的规定，制定本规则。

(1) 贯彻执行党的路线、方针、政策，在思想上、政治上、行动上同党中央保持一致。

(2) 坚持全心全意为人民服务的宗旨，坚持解放思想、实事求是、与时俱进，结合×××工作的实际创造性开展工作，把区委的要求落到实处。

(3) 坚持发挥总揽全局、协调各方的领导核心作用，把好政治方向，决定重大问题，形成工作合力。

(4) 坚持民主集中制原则，实行集体领导和个人分工负责相结合的制度，按照"集体领导、民主集中、个别酝酿、会议决定"的方法对重大事项做出决策。

(5) 坚持深入基层、深入群众，切实转变作风，加强调查研究。

（6）坚持在宪法和法律的范围内活动，遵守各项规章制度。

（五）会议提案

1. 概念。会议提案是政治协商（以下简称"政协"）会议产生和使用的一种文书，用于与会者对会议所要讨论和解决的问题提出自己的意见与建议。政协有专门机构办理提案，办理程序一般为：先审核提案内容，符合立案条件的正式立案，然后与有关党政机关协商办理提案，结果反馈给政协。

2. 基本原则。

（1）可行性原则。提案首先应当遵循可行性原则，它决定了该提案是否有意义。提案建议应该脚踏实地、切实可行，内容既是真正需要解决的问题，提出的解决方式又是切实可行的。如果缺乏可行性，该提案则失去意义，不仅浪费精力，而且增加了相关部门的工作负担。

（2）准确性原则。一方面，提出的问题要真实、准确，切忌道听途说；另一方面，要做到客观分析问题，冷静思考对策，提出积极合理的建议。

（3）时效性原则。提案必须具有时效性，提出并推动解决当前急切需要解决的问题以及社会热点、难点问题。

3. 作用。

（1）对于党政领导部门的重要决策，可以起到参谋咨询的作用。

（2）对于重要方针政策的贯彻执行，可以起到促进和信息反馈的作用。

（3）对于反腐倡廉，可以起到民主监督的作用。

（4）对于某些人民内部问题，可以起到缓解矛盾、增进团结和保持稳定的作用。

（5）对于发展和完善中国共产党领导的多党合作，可起到促进作用。

4. 写作指导。

（1）基本要求。撰写提案的注意事项包括：质量是提案的生命，要力求每件提案都有情况、有分析、有理、有据、有操作性，切实可行，才能真正起到建言献策的作用。具体包括：①反映大事；②言之有据；③案情清楚；④建议具体；⑤一事一案；⑥严肃规范。

（2）基本格式。规范的提案，多用表格式，政协委员在政协提案委员会统一印制的提案纸上书写，以便规范办理。一般由文头、案由、提案者、提案内容、审查意见和收文时间六部分组成。

1）提案模板。提案纸首页如下：

政协××省第十届委员会第×次会议提案

提案号（　　）

案由：_____

集体提案单位（加盖公章）：_____

提案人：_____　　界别：_____　　职务：_____

通信地址：_____　　邮编：_____

联系电话：_____ 手机：_____ 邮箱：_____

相关情况：□经过调研　　□本人撰写　　□他人代写

　　　　　□他人委托　　□首次提出　　□多次提出

建议承办单位：_____

联名提案签名页

姓名	界别	单位职务	联系电话	电子邮箱

2）政协提案范文。

提案人：×××

通信地址：××××

电话：_____ 邮编：_____

案由：关于加强行政办公楼安全保卫措施的建议

资料：

××××年××月，××县新行政办公楼启用后，省直机关共有51个单位搬迁入驻使用。这些单位有县委、县政府及各组成部门，还有人大、政协机关。新行政办公楼是全县机关所在地和行政办公中心，担负着行政指挥部的作用，存放大量的行政公文及党和国家的秘密载体，还有办公设备等国有资产。

会务组织

新行政办公楼各办公室安装的是简易锁,不够安全牢固,而且办公楼远离市区,环境僻静,给盗窃分子提供了可乘之机。近3个月内,县政协分别遭到了不法分子偷盗5次,许多公文资料被毁;县总商会被盗2次,丢失计算机6台,经济损失达到7万元,报案后警方立即开展调查追踪,但计算机至今仍未找回。

这两起案件,不得不引起我们的重视和警惕。为保障新行政办公楼和国有资产的安全,特提出以下建议:

一、加强保安力量,增强巡视力度,防止盗窃案件发生。要配足保安人员,做到全天候巡视巡逻,合理设置保安岗位,安排管控点。

二、健全保安制度,完善安全措施。要制定安全合理科学的保安措施,提高防范意识,增加节假日和下班后的门岗值班力量,严格检查陌生人员,严厉打击偷盗行为。在办公楼前后增加照明灯,更换安全性更好的办公室门锁。

三、增加管控布点,提高安全保障。要建立闭路电视管控系统,加强对各楼层、楼梯、电梯和周边环境的实时管控,确保办公楼的安全。如发现监控损坏或被破坏应及时维修处理,并将处理情况记录在册。

(六) 会议议案

人大代表提的议案,写作形式上属于表格式议案,必须使用人大会议统一印制的代表议案专用纸。《中华人民共和国全国人民代表大会和地方各级人民代表大会代表法》规定,议案"应当有案由、案据和方案"。议案纸由文头、正文、处理意见、附件和提议案人五部分组成。

1. 文头。文头内容包括校法、题签、案由、议案领衔人、领衔人代表团以及领衔人联系方式。

2. 正文。

（1）正文是议案的主体。

（2）标题。一般由案由和"文件（议案）"组成，如《关于制定管督法的议案》。

（3）主体内容。首先是案由，即提出议案的原因、依据和目的，要写得有理有据、简明扼要。其次是案据，即议案事项内容的依据，包括法律、政策的事实依据。再次是方案，即解决问题的具体方案。议案不只是提出问题，还要提出解决问题的方法和做法。

（4）审议要求。惯用语为"请审议"等。

3. 处理意见。法律规定，人大代表提出的议案由大会主席团决定是否列入大会议程，或者交由有关专委会审议，然后提出处理意见。

4. 附件。提交议案的同时要附上提请讨论的草案，作为附件。

5. 提议案人。主要填写议案领衔人的姓名、地址、电话等信息。

 例 6

关于××××××议案

提议案人：×××

提议案人所在代表团：××××××

会务组织

（正文标题）

（正文主体）_____

_____

_____。

（内容包括提议案缘由、问题分析、解决方案。）

请予审议。

这里讲的人大会议议案与《党政机关公文处理工作条例》中的议案不是同一种公文，前者是会议文件，特定用于人大会议过程中；后者是法定公文，是用于各级人民政府按照法定程序向同级人民代表大会或人民代表大会常务委员会提请审议事项的公文。两者有本质的区别，注意不要混淆。

（七）会议记录

1. 概念。会议记录是在会议过程中，将会议的情况和具体内容记录下来的一种工作。会议的组织情况记录包括会议名称，召开日期、时间、地点，参加会议人员等；会议的具体内容记录包括发言内容、报告内容、会议讨论的过程、决议事项、选举结果等。

2. 分类。会议记录可以分为详细记录和简略记录两种方式。简略记录是记录此次会议的重要内容和决定，不需要记录讨论的过程以及个人发言的内容。详细记录是指将会议过程中发生的全部内容记录下来，包括会议讨论过程及个人的发言。

记录发言可分摘要与全文两种。多数会议只要记录发言要点，即把发言者讲了哪几个问题，每一个问题的基本观点与主要事实、结论和对别人发言的态度等,做摘要式的记录,不需要做到面面俱到,但是某些特别重要的会议或特别重要人物的发言,需要将内容全部记录下来。有录音设备的,可先进行录音,会后再根据录音整理出全文;如果没有录音条件,应由速记人员担任记录人;没有速记人员,可以多配几个记录专员担任会议记录人,会后再组织互相校对补充,确保会议记录的准确性。

3. 基本特点。

(1) 真实性。会议记录是记录者如实记录会议中发生的事情,记录者只有记录责任而没有改造权。记录者不得对会议记录进行加工、提炼,也不能对会议记录进行增添或删减。

(2) 原始形态性。会议记录是对会议过程中的内容和情况进行原始化记录,是一种未经整理、未经综合的材料,保证会议记录内容的原始性。

(3) 完整性。会议记录是对整个会议发生事件进行记录,没有选择性。

4. 作用。

(1) 依据作用。会议记录忠实于会议本身,是对会议全貌进行记录的一项工作。后期无论是需要形成文件还是检验准确性都应以会议记录为基本依据。

(2) 素材作用。会议记录是中期会议简报和后期会议纪要形成的基础,会议记录是其主要的素材来源。在撰写会议简报和会议纪要时可以对素材在不改变原貌的情况下进行整合和提要,但不得歪曲和篡改会议记录。

(3) 备忘作用。会议记录可以作为该次会议情况和内容的原始凭证。主要会议的记录要归档,作为历史记载备查。

5. 写作指导。

(1) 基本要求如下:

1) 准确写明会议名称(要写全称)、开会时间、地点、会议性质。

2) 详细记录会议主持人,出席会议应到和实到人数,缺席、迟到或早退人数及其姓名、职务,记录者姓名。如果是群众性大会,只要记参加的对象和总人数以及出席会议的较重要的领导成员即可。某些重要的会议,如果出席对象来自不同单位,应设置签名簿,请出席者签署姓名、单位、职务等,会后作为会议记录的附件归档。

3) 忠实记录会议上的发言和有关动态。会议发言的内容是记录的重点,不得对会议发言和动态做主观的删减,必须做到如实记录,忠实于会议实际发生的一切活动。

4) 记录会议的结果,如会议的决定、决议或表决等情况。

会议记录要忠于事实,不能夹杂记录者的任何个人情感,更不允许有意增删发言内容。会议记录一般不宜公开,如需公开,应征得发言者的审阅同意。

(2) 基本格式如下:

1) 填写方法。

会议名称:

会议时间:××××年××月××日

会议地点:

出席人员：

缺席人员：

列席：

主持人：

记录：

议题：××××××××××××××××××××××××××××

××××××××××××××××××××××××××××××××××. ×××

××××××××××××××××××××

署名：×××

2）会议专用记录本。

会议记录

No：

会议名称					
时间		地点			
主持单位		主持人		记录人	
参加者					
缺席人员及原因					
会议内容					

会务组织

（3）范文如下：

例7

推荐党代表候选人会议记录

会议时间：××××年×月××日

会议地点：××村委会一楼会议室

会议议题：研究确定镇党代表候选人推荐人选名单

出席情况：黄××、李××、孙××、孙××

主持人：孙×× 记录人：黄××

会议主要内容：

孙××：今天会议议题是研究确定镇党代表候选人推荐人选名单。根据《中国共产党章程》和党内有关规定召开支委会，按照镇党委确定的代表条件、分配名额和构成比例，通过自下而上、自上而下、上下结合，全体协商，然后提出代表候选人推荐人选。

下面请孙××同志说明有关情况。

孙××：中共××镇第十一次党员代表大会代表名额分配，××支部有5个名额。代表类别有镇村干部3名，先进模范人物1名，农民及其他劳动者1名。代表构成中至少应符合：妇女代表1名，45岁以下代表2名。按不少于应选代表名额20%的差额比例选举产生，我们需要提出代表推荐人选5名。

孙××：会前，我们广泛征求党员对市、镇代表候选人推荐人选的意见建议，确保党员提出人选符合代表条件、结构比例和党委意图。因此镇党代表候选人我们提出了5名人选,分别是孙××同志、黄××同志、黄××同志、黄××同志、李××同志。

下面请大家对孙××、黄××、黄××、黄××、李××等五位同志能否确定为镇党代表候选人推荐人选名单发表意见。

王××:该五位同志坚持党性原则,遵守党的纪律,公道正派,清正廉洁,为×××的发展做出了贡献,我同意五位同志为镇党代表推荐人选。

孙××:该五位同志带头创先争优,在工作、生产和社会生活中起模范带头作用,我同意五位同志为镇党代表推荐人选。

黄××:该五位同志积极贯彻执行党的路线方针政策和上级党组织的决策部署,熟悉基层情况,密切联系群众,在村的各项建设中起到模范带头作用,具有代表先进性,我同意五位同志为镇党代表推荐人选。

孙××:根据刚才大家讨论的情况,请支部委员举手表决。

应到会委员4人,实到会4人,经研究决定,一致同意确定黄××、李××、孙××等五位同志为镇党代表候选人推荐人选名单。

会议记录:刘××

二、按密级分

(一) 密级文件

按照《中华人民共和国保守国家秘密法》有关规定,下列涉及国家安全和利益的事项,泄露后可能损害国家在政治、经济、国防、外交等领域的安全和利益的,应当确定为国家秘密:

会务组织

国家事务重大决策中的秘密事项；国防建设和武装力量活动中的秘密事项；外交和外事活动中的秘密事项以及对外承担保密义务的秘密事项；国民经济和社会发展中的秘密事项；科学技术中的秘密事项；维护国家安全活动和追查刑事犯罪中的秘密事项；经国家保密行政管理部门确定的其他秘密事项。

政党的秘密事项中符合前款规定的，属于国家秘密。

确定国家秘密的密级，应当遵守定密权限。中央国家机关、省级机关及其授权的机关、单位可以确定绝密级、机密级和秘密级国家秘密；设区的市、自治州一级的机关及其授权的机关、单位可以确定机密级和秘密级国家秘密。具体的定密权限、授权范围由国家保密行政管理部门规定。会议产生和使用的文件，根据保密法有关规定，确定为：

1. 绝密文件。绝密文件是最重要的国家秘密，泄露会使国家的安全和利益遭受特别严重的损害。阅后应立即退回发文部门，并由发文部门保存在保险柜内。绝密级文件保密期限为30年。

2. 机密文件。机密文件是重要的国家秘密，泄露会使国家的安全和利益遭受严重的损害。阅后应立即保存在保险柜内。机密级文件保密期限为20年。

3. 秘密文件。秘密文件是一般的国家秘密，泄露会使国家的安全和利益遭受损害。阅后立即保存在文件柜内。秘密级文件保密期限为10年。

国家秘密的密级、保密期限和知悉范围，应当根据情况变化及时变更，由原定密机关、单位决定。所有会议秘密文件，要严格按保密法规进行管理。

（二）非密级文件/平件

非密级文件是指一般性决定、决议、通告、行政管理资料等内部文件，不属于保密范围，但是一般也仅限于会议内部使用。它具有以下特点：①内容和程序的合法性。公文的具体内容和制定程序必须符合法律和有关规章的规定，否则无效。②形式和格式上的规范性。公文语体要简明，观点严谨、鲜明，文字朴实、庄重。③对机关工作的依赖性。机关办事机构（办公室）是处理文件的归口管理机构，会议文件的处理也是办公室工作的重要组成部分。

第二节　会议文件的起草

起草会议文件是会议文件工作的第一个步骤，是最为关键的部分，也是后期工作的基石。会议文件的起草是指对文件相关事项进行一系列思考和计划安排后最终拟定成书面文件的过程，主要包括准备阶段、立纲阶段和起草阶段。本节将从会议文件起草的基本流程和工作要求这两个方面进行阐述。

一、基本流程

（一）准备阶段

了解清楚会议的全部情况和内容以及领导的要求，接着对所有相关信息进行构思，再把要起草的会议文件列出目录，然后逐一落实。

(二) 立纲阶段

编列提纲。会议文件有很多种类，有的比较简单、内容单一、结构集中；有的会议文件则比较长，内容相对丰富复杂，必须写出提纲，把基本框架和内容确定下来，由领导审定。

(三) 起草阶段

提纲一经审定，即可动手起草文件，按内容设定大体篇幅，尽量简短，简明扼要，言简意赅。一般应由一人独立完成初稿，一气呵成，然后组织更多人员参与修改，博采众长，文件的质量才会更高。

(四) 修改送审

初稿起草完成后，要广泛征求意见，反复修改，严格把关，经办公室校准后，送领导审核、签发。有些特别重要的文稿，如需要提交会议讨论通过的重要文件稿、领导的主题讲话、工作报告等，还需通过相关会议审议，如常委会会议、全会等。特别重要的会议文件，如工作报告及领导讲话稿，要组织专人或写作班子来起草。起草前要开展大量的调研、材料收集以及与领导反复沟通，才能确定主题，提炼出观点，列出文稿提纲，再进入起草环节。然后反复修改，最终提交领导审批。

二、工作要求

(一) 符合党和国家的路线方针政策和法律法规

党和国家的路线方针政策以及法律法规，是我们开展各项工作的依据和准绳，也是会议文件的依据和准绳。会议文件不论长、短、繁、简，都必须"合法"，应符合国家法律法规以及党内法规，而且要符合已有政策规定、实际情况和会议的需要。

（二）符合上级机关的有关指示

我们党实行民主集中制原则，下级服从上级，全党服从中央。会议文件起草工作也必须贯彻这一原则，按上级机关的指示要求执行，如减少文山会海的要求，转变会风文风的要求，会议文件必须贯彻上级机关的指示精神和要求。

（三）反映客观实情，提出切实可行的措施

制定文件的最终目的是为了解决问题，因此在提出措施时一定要注重措施的可行性和有效性。确保措施可行性和有效性的必要前提就是把握真实客观的情况，在起草文件时要注重问题表述的真实可靠，不胡乱捏造，做到说实话、重实际，为问题的解决提供坚实可靠的基础。

（四）表述准确简练

会议文件的语言表述要切实做到精确简练、观点明确、条理清晰、内容充实、结构严谨、表述准确，力求用最简洁的文字顺畅而有条理地表达内容，做到言简意赅、清楚明了。有的会议文件还可采用表格式、条例式，一目了然。不得出现模棱两可或表述有误的现象，表述必须做到准确简练。

第三节　会议文件的印制和管理

为了保证会议文件的高效实用性和规范性，会议文件要按照一定的规定进行印制。本节将从会议文件印制的基本流程和

会务组织

注意事项两大方面对这项工作进行详述。

一、会议文件编号

（一）文件总号

在该次会议上按文件数量排编号，即有多少种文件就按顺序编几个号，便于掌握好会议文件数量，同时也利于登记、核对和保存。

（二）文件种号

印发会议的文件有不同种类，如会议文件、参阅材料等。

（三）文件份号

一般情况下，各种文件印制了多少份就连续编制多少个号，这同时也是发放给与会者的固定号，便于回收管理，案件及涉密文件须特别注意在文件上印上份号。

二、会议文件的印制

会议文件的印制要符合"齐、清、定"原则。齐，即文件内容完整齐全以及文件的格式规范；清，即稿件简单易懂并且印制清晰，清样须做到校对无误。定，就是我们所说的定稿。在文件印制之前必须经过主管领导审定并签署同意印制的指令。

接到会议文件的印制任务后，印制单位要当面点校清楚文件件数，明确要求、交货时间和交接联系人，保质保量完成任务。

三、会议文件的发放

会议文件发放包括封装投送、会场分发和分组转发三种。封装投送即在文件袋上写好与会者的名字并且封装好；会场分发即在会场中有序地分发会议文件，一般适用于人数较多的会议；分组转发即将会议文件以组为单位分发给组长，再由组长分发给小组成员。为了提高会议效率，方便与会者了解会议全貌，要按照文件份号（即户头号）将每份会议文件准确无误地发放给与会者。

四、会议文件的收退

凡涉及政治、经济、军事、科技等机密的会议，对会议上发放的机密文件应当在会后立即收回，不可保存在个人手中，以免遗失或泄密。

1. 会议结束后，与会者退回会议的全部文件方可离场。确保一次性完成清退。

2. 大型会议上可事先开具应退文件清单给与会者，会议结束后请与会者自觉退回。

3. 设置特定的保密室。与会者在规定的场所领取和阅读会议文件，阅读完毕后立即交还给保密室，禁止将会议文件带出会场。

4. 文件收退过程中发现密级文件存在缺件或者丢失的现象，要查清情况，及时向有关领导请示，避免出现失密、泄密等不良事件。

第四节 会议文件的归档

会议文件归档是指在会议结束后按照一定的规则将会议文件立卷归档保存。会议文件的归档有利于保持历史的真实面貌，客观反映工作进程；有利于保持会议文件间的关系，方便日后查找使用；有利于会议文件的保存及保管，保证会议文件的完整性；有利于为今后工作实践提供参考。本节将会对会议文件的收集、分类、编目、装盒、档案上架和注意事项等内容进行阐释。

一、收集

严格按照《归档文件整理规则》，首先明确归档文件材料与不归档文件材料的具体范围，以及明确文件的价值。将本次会议中有价值文件进行收集归档，凡是记述和反映本机关、本单位职能活动和历史面貌的文件材料，包括本机关、本单位收到上级、下级与本身工作活动有密切联系的各种文件材料，都应列入归档范围。

收集工作要做到归档文件材料齐全完整、内容准确；收集工作应立足本单位；底稿随印件一起收集；有重要领导批示的应随正文一起收集归档；附件随正件一起收集归档；关于同一问题的请示和批复一起归档。

二、分类

会议结束后，应立即对本次会议的文件进行分类整理，分出归档会议文件和不归档会议文件两大类。对需归档的会议文件分门别类，确定归档范围。分类整理归档也利于日后备查。

三、编目

将分类的会议文件进行编号，按分类方案和排列顺序进行编号，及时装订立卷。立卷的会议文件纳入会议文件归案目录，进行逐件编目。其中包括件号、责任者、文号、题名、日期、页数和备注。

1. 件号：文件的排列顺序号，即编件号。

2. 责任者：制发文件的组织或个人，即文件的发文机关或署名者。

3. 文号：文件制发机关的发文字号。

4. 题名：文件标题，没有标题或标题不规范，不能全面提示文件内容的，应根据文件内容重新拟写，外加"[ ]"号。

5. 日期：文件的形成时间，以8位阿拉伯数字标注年月日，如20180128。

6. 页数：每份文件的页数，文件中有图文的页面为一页，空白页不计数。

7. 备注：用于填写归档文件需要补充和说明的情况，如缺损、修改、移出、销毁、插入文件等。

完成编目的会议档案，按件号顺序装入档案盒，并填写备

会务组织

考表、档案盒封面及盒脊项目，然后上架摆放，妥善保存。档案盒封面应使用全称或规范化简称并标明全宗名称（立档单位名称）。盒脊的项目包括全宗号、年度、保管期限、机构（问题）、起止件号、盒号。备考表置于盒内文件之后，项目包括盒内文件情况说明（填写盒内文件缺损、修改、补充、移出、销毁等情况）、整理人、检查人和日期（归档文件整理完毕的日期）。

装盒时应注意：不同形成年度的归档文件不应放入同一档案盒内；不同保管期限的归档文件不应放入同一档案盒内；不同机构（问题）形成的归档文件不应放入同一档案盒内。

做好会议文件的立卷归档，应注意以下几点：

第一，会议文件时间性强、会议工作人员变化大，一定要及时收集。

中型以上会议的工作人员，一般是从不同单位临时抽调的，因此会务工作是临时性组织形式，在会议结束之前必须把文件材料收集齐全。

第二，要根据不同会议的特点，对会议文件的立卷归档采取不同的办法。

从数量上看，同一个会议文件比较多的，可立若干卷，文件少的可立一卷，但不是一个会议的文件不宜并卷。从时间上看，应当抓紧对临时性会议文件的整理，而对于经常性的会议，就应随时注意归档。从来源看，本单位召开的会议的文件应完整地归档，而对其他机关发的不成套的会议文件，可按问题与有关文件合并立卷。但也有例外，如果是比较完整的成套文件，也可以单独立卷。

第三，对于较大型会议的文件，档案部门应派人参加会务工作。

工作人员可以一边为会议服务，一边进行文件的收集整理。这样便于掌握情况，了解文件的形成过程，以利于会议文件的整理归档。有的会议采取直接归档的办法，即会议结束后，应归档的文件不再交业务部门，而由档案部门直接接收，简化手续，方便工作，更有利于提高案卷的质量。

第五节 会议简报

简报是党政机关、人民团体、企事业单位广泛使用的一种一般事务文书，可以用于汇报工作、反映情况、指导工作、交流经验和传递信息。

会议简报是会议期间为反映会议进展情况、会议发言中的意见和建议、会议议决事项等内容而编写的简报。

一、会议简报概述

(一) 会议简报的概念及特点

会议简报是在召开较大型和重要的会议时，用于迅速报道和交流会议重要内容、进展情况，并且反映与会人员的意见和建议的一种文书。通常情况下，会议简报适用于会期较长、人数较多的会议。因为在人数较多的会议上，一般要分成若干小组展开讨论，各小组彼此不了解情况；同时，没有参加会议的

会务组织

人员无法了解会议进展情况和讨论成果。为了及时交流会议各方面的主要情况，加强对会议的组织协调和领导，进一步提高会议质量，从而产生了会议简报。

会议简报具有一般新闻报道的特点，同时又具备自身的特点，主要有：

1. 内容专业性强。会议简报一般由会务工作人员负责、部门主办，专业性十分明显。例如，《人口普查会议简报》《计划生育会议简报》《水利工程会议简报》《招生会议简报》等，分别由主办单位组织专人撰写，传递该项工作的各种信息，包括情况、经验、问题和对策等，一般性的情况少说，无关的情况不说，专业性的情况多说。对一般读者而言，能使他们了解工作的进展情况，增强责任感。对领导机关而言，各级领导接到这样的会议简报，可以全方位掌握情况，有利于工作决策。

2. 篇幅简短。会议简报要突出"简"。一般限定在四个页码，两千字左右，方便印刷，不用装订。会议简报的语言必须简明精练，言简意赅。

3. 限于内部交流。新闻报道面向全社会，内容是公开的，没有保密要求。会议简报则不同，一般不宜公开，仅印发给与会人员，甚至只印发给一定级别的领导。

（二）会议简报的主要内容

从会议的全过程来看，会议简报可以分多期。第一期简报一般是写预备会的情况。如果没有预备会，可直接报道会议的内容。一般包括会议召开的时间、参加会议的人员范围、应到和实到的人数、领导同志的讲话宗旨、要解决的问题以及会议的期限等。有时，为了推动会议的顺利进行，还可以写一下与会者的情绪、要求和倡议等。总之，通常情况下，第一期简报具有发布新闻的意味，目的是向大家说明或向上级报告会议开始，同时也向与会者进一步明确会议的安排。以后各期简报主要报道有关分组讨论的情况，既可进行综合性报道，又可摘录典型的个人发言。有些有特殊见解或较重要的发言，也可单独刊发简报。摘录发言要注明发言人的姓名和职务。

（三）会议简报的写法

会议简报可有多种写法，一般常用以下四种：

一是概括式。可以概括性地介绍发言内容，或是概括介绍大会、分组会议的讨论情况，供与会者了解会议的情况。

二是摘要式。可以刊载发言的摘录，介绍大会或小组会上的发言概要，供与会者参阅，以便了解详细的发言内容。

三是重点式。可以全篇只印一个或几个人的发言，也可以只印一个小组的发言，供与会者详细了解某一方面的情况。

四是综合式。这是最常用的一种简报形式，除了容纳上述内容之外，还可以编入其他内容。如未能列席者的书面发言或信件，上级的指示和要求，会外人的希望和建议等。

（四）会议简报的写作格式

会议简报通常由报头、报身（正文）和报尾三部分构成。具体为：

1. 报头。会议简报的报头，多有一套专门设计的固定版式。上面正中用醒目大字标明简报名称，报告下面要标明编印机关、印发日期、编号。简报名称可由会议全称和文种类别（简报）

组成,也有的只标"会议简报"字样。编号常用括号标在标题的下一行居中。

2. 报身(正文)。会议简报的报身,又称正文,是会议简报的主体。会议简报正文的写法通常有三种:

第一种为综述法。由编者采集各方面的言论、意见加以概括而成,相当于一份会议的综合报道,将会议的进程、出席情况、会议的发言和议程一一反映。

第二种是重点报道法。重点反映会议的某个重要报告的内容、小组讨论情况或个人的发言等。

第三种为摘要法。摘录代表发言的概要,供与会者参阅。

3. 报尾。在简报最后一页的下方,注明主送单位或个人姓名、抄送单位、增发单位和印发份数。

(五) 会议简报的基本写作要求

会议简报的编写应及时、简明扼要。注意抓住具有指导意义、能够引导会议健康发展的内容加以报道,但应注意涉及机密事项的内容不要随意报道。

1. 简。简是简报的第一要求。"简"主要表现为思想清晰、概念明确、语言简洁、篇幅精悍。这就要求用有限的篇幅将会议情况交代得清清楚楚,一般一千字左右为宜,最多不要超过两千字。

2. 快。快是简报的一大特点。它有强烈的时限性,要把情况及时地反映给上级有关部门,在与会人员中及时交流,要随会议的节奏同步进行。现在最长的会如全国人民代表大会一般也只有十来天,若第一天的情况到第三天再反映,就不能产生预期效果。一般情况来讲,开会当天至下午会议结束时,简报就应该开始撰写,当天晚上印好,第二天一早即可发出。

3. 新。简报的交流性和指导性决定了会议简报要能提出新情况、新问题、新经验。会议简报类似于新闻报道中的消息,内容要新颖,标题要醒目。

4. 活。活指会议简报要具有灵活性。除了介绍会议的情况和发言之外,还应有些会议的花絮、轶事。会议简报的编排也应当生动活泼,版面尽可能注重艺术性。

5. 实。会议简报要具有真实性,材料一定要真实可靠,这是编排会议简报的关键。写在会议简报里的情况,如时间、地点、讨论的过程、讨论的成果等,要核实之后才可上简报。简报的语言表述不要言过其实、模棱两可,更不能捏造、虚构。

例8

××省某学校委员会深入学习实践"两学一做"活动简报

第 6 期

学习实践"两学一做"活动领导小组办公室　2018 年 6 月 5 日

按照省直机关党工委学习实践"两学一做"活动的要求,根据学校学习实践活动的安排,在认真做好会前各项准备工作的基础上,6 月 5 日下午,校党委召开了学习实践"两学一做"专题民主生活会。省直机关党工委宣传部××副部长参加了会议,各总支(支部)书记列席了会议。

校党委书记××同志主持会议并代表党委班子发言。他在发

会务组织

言中详细汇报了校党委班子民主生活会的准备工作情况和近年来党委班子建设的基本情况，并指出了党委班子存在的主要问题：一是班子的集体领导作用还没有得到充分发挥；二是班子的办学治校能力有待于进一步提高；三是教育管理还不够严格；四是工作作风还不够深入，调查研究还不够细致。其原因主要体现在：一是对政治理论学习的重要性认识不足；二是思想解放力度还不够大；三是对自身要求不够严格；四是开拓创新意识不够强。针对存在的问题和产生的原因，他还提出了党委班子今后努力的方向：一要强化理论意识；二要强化廉政意识；三要强化务实意识。接着，他还针对自身存在的问题进行了剖析并提出了整改措施及今后的努力方向。

校党委副书记、院长××同志对自己分管工作中的师资队伍建设、提高教学质量、学生管理、后勤管理等方面存在的问题进行了查摆并分析了原因，提出了解决的思路。他在讲话中还对自身存在的问题进行了剖析并提出了今后的努力方向和主要整改措施。

各党委班子成员紧紧围绕学习实践"两学一做"这个主题，结合各自工作实际，认真查摆自身存在的突出问题，深入剖析存在问题的根源，开展了批评与自我批评并提出整改措施。

最后，××副部长做了重要讲话。他在讲话中充分肯定了我校前一阶段学习实践"两学一做"活动的做法和成效，并指出了存在的不足。同时，他还对下一步如何写好分析检查报告提出了宝贵的意见。

整个民主生活会始终洋溢着民主团结、求实创新的良好气氛，达到了沟通思想、增进团结、提高觉悟、加强班子和队伍建设的目的，收到了良好的效果，为正在撰写的学校贯彻落实"两学一做"分析检查报告奠定了基础。

送：省委学习实践办、省直机关党工委，各总支、支部。

以上会议简报为某学校党委召开学习实践"两学一做"专题民主生活会的会后简报。整个简报清晰明了，符合会议简报撰写的各项要求。报头、报身和报尾清楚明白。全文一共一千字，已将会议的主旨和主要发言概括详尽，而且在会议简报末尾还描述了会议当时的现场氛围，使读报人有种身临现场的感觉，符合会议简报要求的简、快、新、活、实五个要素，是一篇可供学习参考的会议简报。

二、会议简报的种类

会议简报是如实反映会议讨论决定重大问题情况的重要载体，是与会同志进行交流、提出意见和建议的重要方式，是领导同志了解会议情况的重要渠道，也是记载会议历史面貌的重要档案资料。会议简报工作作为会议秘书工作的重要组成部分，越来越受到各方面的高度重视。会议简报的形式多种多样，按其内容可分为综合简报和分组简报两种。

（一）综合简报

综合简报主要反映本次会议特定时段的总情况和问题。这种简报并不是有闻必录，而是要抓住主要问题，将最值得记录的内容写进去。既要有总体情况概述，给人以总的印象，又要

会务组织

按一定的顺序，运用典型事例给人以生动的感性认识。我们先以一篇实际的综合简报来分析一下这类简报的特点。

例9

××市委深入学习实践"三严三实"活动总结会议

简　报

第 7 期

学习实践"三严三实"活动领导小组办公室　2017年6月29日

市委召开深入学习实践"三严三实"活动总结会议

　　按照省委学习实践"三严三实"活动的工作要求，6月29日上午，市委在市委大院2号楼召开了学习实践"三严三实"活动总结会议，会议由市委书记××同志主持，部分市领导同志及区负责同志作了重点发言。

　　市委书记××同志全面总结了全市开展学习实践"三严三实"活动情况并提出具体工作要求。他指出，市委高度重视学习实践活动，把学习实践活动摆在全市各项工作的重要位置，能结合全市工作实际，精心组织、周密安排，顺利完成了各项任务，取得了良好的成效。他总结了学习实践活动的基本做法：一是抓住主要环节，认真组织学习调研活动；二是突出工作重点，扎扎实实开展分析检查；三是坚持实践导向，做好整改落实工作。他总结了学习实践活动的基本经验：一是科学组织，是搞好学习实践活动的重要基础；二是结合实际，突出特色，是搞好学习实践活动的主线；三是解决人民群众实际问题，是搞好实践活动的着力点；四是领导干部带头，是搞好学习实践活动的重要保障；五是处理好群众矛盾，是搞好学习实践活动的关键；六是强化指导检查，是搞好学习实践活动的重要措施。他指出了此次学习实践活动存在的主要问题：一是工作与学习的矛盾有时协调得不够好，使学习实践活动在一些时间节点、环节上还存在不到位之处；二是个别党员干部对活动意义的认识还不够深刻，积极性、主动性有待进一步提高；三是有些涉及全市发展的整改措施周期长，一时难以见效，一定程度上影响了士气。他要求：一是建立完善学习实践"三严三实"的长效机制；二是进一步完善机制体制建设；三是继续抓好整改落实；四是进一步加强干部队伍建设。

市委常委、常务副市长××同志提出，深入学习"三严三实"，破解全市的发展问题，关键在于解决就业问题。促进就业时要更注重发展一些就业容量大、就业稳定性好、集中度高的产业。要重点支持发展庭院经济、林下经济、民族手工艺、特色食品等劳动密集型产业，加强劳动技能培训，促进就地就近就业、外出务工就业，今年力争实现城镇新增就业 11 万人、农村富余劳动力转移就业 150 万人次。

市委常委、市委秘书长××同志认为，我市××区是重要的国家生态安全屏障，是我国和南亚、东南亚地区主要江河的发源地和上游流经地区，是中国乃至北半球气候变化的"启动器"和"调节器"，生态地位极其重要，要切实做好该地区的生态保护工作。

会务组织

副市长××同志认为，要把本市××区脱贫作为深入学习"三严三实"的主战场，坚决啃下脱贫攻坚的"硬骨头"，关键是坚持群众主体，激发内生动力，继续推进开发式扶贫，处理好国家、社会帮扶和自身努力的关系，发扬自力更生、艰苦奋斗、勤劳致富精神，充分调动贫困地区干部群众的积极性和创造性，注重扶贫先扶智，增强贫困人口自我发展能力。

××区区委书记××同志说，××区将牢固树立保护生态环境就是保护生产力的理念，深入贯彻总书记关于保护好生态环境的重要指示，把发展建立在生态安全的基础上，切实保护好××区的一草一木、山山水水，尊重自然、顺应自然、保护自然，自觉推动绿色发展、循环发展、低碳发展，确保××区青山常在、绿水长流、空气常新。

抄送：省委学习实践办。

有时综合简报可按发言专题综合反映发言情况。有的会议一次分组讨论只编发一期综合简报，不按组单独编发，综合简报中做到一人一条、一条一事、人人露面。在上面这份简报中我们可以看到，重点发言的每一位负责同志的发言都被记录，而且所发表的见解紧紧围绕着会议的主题。

（二）分组简报

分组简报主要用于反映某一组讨论中的情况和内容。有的简报可以用综合写法，也可以用摘录个人发言的写法。我们也以一个例子来说明分组简报的特点。

 例 10

××市第十六届人民代表大会××代表团第五次会议

简 报

（第 10 期）

大会秘书处编印　2017 年 1 月 6 日

齐心合力促发展　　建言献策谋跨越

——市十六届人大五次会议××代表团认真审议

人大常委会和"两院"工作报告（一）

1月6日至7日，市十六届人大五次会议××代表团认真审议市人大常委会、市人民法院、市人民检察院工作报告。关于人大常委会工作报告，代表们纷纷表示，市人大常委会报告文风朴实，结构严谨，内容丰富。报告总结工作实事求是，分析问题客观实在，一年来，市人大常委会在开展重点领域监督、提升监督实效、发挥代表作用和夯实履职基础方面取得了很大成绩，对2017年工作的安排符合中央、上级人大、××市委的决策部署，符合我市人大工作实际，代表们完全赞成这个报告。

关于"两院"工作报告，代表们纷纷认为，"两院"工作报告紧紧围绕全市工作大局，始终坚持司法为民、公正司法，着力强化建设过硬队伍，报告无论是在回顾去年工作，还是在部署今年任务，都围绕"为大局服务、为人民司法"这一总体目标展开，充分体现了"两院"工作与时俱进的时代特征。

会务组织

××代表团代表们分别审议了《××市人民代表大会常务委员会工作报告》《××市人民法院工作报告》《××市人民检察院工作报告》。报告总结2017年工作全面客观、实事求是；对今年工作部署目标明确、重点突出。代表们特别关心生态环境保护工作，认为去年人大常委会在生态环境保护方面做了大量的工作，特别是小流域整治、污水处理厂建设、饮用水安全等工作中取得较大成效，促进我市环境友好型社会建设。代表们对2017年"两院"着力维护社会稳定、主动服务经济发展、着力促进依法行政、不断加大监督力度等方面工作成绩表示满意，同时建议"两院"始终保持对工程建设、房地产、金融、司法领域职务犯罪严打的高压态势，提升预防职务犯罪的整体水平，为全市经济发展、社会和谐提供更有力的司法保障。

××市代表团认为人大常委会工作报告亮点纷呈，一是发挥审议职责，聘请专业技术人员参与审议，审议的质量深度提高，增强审议建议的科学性、准确性。二是对两个单位进行评议，很多代表参与市场监管的整个过程，深入村、乡镇，历经半个多月，开展工作评议，社会反响比较大。三是开展满意度的测评。××代表充分肯定检察院和法院的工作能力，认为"两院"工作量大，压力大，案多人少，多次得到上级领导的肯定。

关于人大常委会、法院、检察院三份工作报告，××区代表团认为，一是人大常委会工作报告非常务实，电动车管制、环境保护问题所做的监督工作非常切合民生，开展的部门评议工作做得相当有成效，并表示作为一名人大代表也要重视自身履职，学习人大的工作态度；二是检察院工作报告客观真实，报告中的六个方面深刻体现了检察院的工作成效、工作态度，建议2017年在工作上关注民生，多宣传多普法，多设立部门联络员，让联络员多联系基层代表，让基层代表、干部能知法懂法用法；三是法院工作报告，建议对社会上跑路、信贷不还的现象加强管制力度，加强普法，特别是加大立案问题的宣传力度。对于人大开展"回头看"，××区代表团表示人大对代表们所提的建议十分重视，这让我们感到很高兴，建议要进一步加大对水果市场所造成的环境问题的监管。

送：××市第十六届人民代表大会秘书处。

在这篇分组简报中，既按会议组别分别反映发言情况，又依照讨论内容顺序编排，报道讨论概括情况。

三、会议简报编制

（一）学习会议文件是前提

学习会议文件、领会会议精神、了解会议全面的情况是编写简报的前提和基础。

吃透文件精神，尤其是掌握文件的精神实质和新思想、新任务、新部署，了解文件的新观点、新特点、新亮点，做到老的提法记准确，新的提法记清楚。

（二）收集简报素材是基础

会议简报一般分为分组简报和综合简报两类。分组简报按会议组别分别反映发言情况，依发言顺序编排，每个发言者的发言单独编写一条；综合简报按发言专题综合反映发言情况，

会务组织

一次分组讨论只编发一期综合简报，不按组单独编发，综合简报中做到一人一条、一条一事、人人露面。从近几年各种会议简报看，综合简报适用范围更广。做好会议简报编写，不管是分组简报还是综合简报，收集简报素材都是整个简报编写的基础环节。在这个环节中要做到"三会"：

1. 会听。与会同志的发言内容通过声音传到简报记录人员的大脑里，会听是收集简报材料的前提。一要听真。对发言中的关键词语，如数字、地名、人名、专业术语、经济用语等，一定要听准，听不准的要先做记号，会后向发言者请教。二要听懂。由于发言者的表达能力和方式不同，必须听懂发言者想要表达的真实意思，不能似是而非，似懂非懂。三要听明。发言者有时容易有口误，要领会真正的意思，适当纠正过来。

2. 会记。会议现场记录不仅是宝贵的档案，而且是编写简报的原始材料。做记录是苦差事，要手脑并用，尽量做到有言必录、原汁原味。一要记全。能记多快就记多快，能记多详细就记多详细，越多越好，一般不要搞速写式、提纲式、省略式。二要记准。尽量记录原话，忠实反映发言者的观点，既不能随意增减发言内容，又不能断章取义，更不能画蛇添足。三要干净。会议记录是要永久保存的，一些特别重要的发言更是不能潦草杂乱。要对历史负责，记录的内容要准确无误，经得起历史的检验。

3. 会摘。会议简报素材的关键要求是特色鲜明，令人眼前一亮。因此，必须善于从发言中摘取精华。摘好了，简报质量大大提高；摘偏了，不但发言者不满意，简报质量还会大打折扣。

一要注重摘亮点。代表发言一般都有自己的框架,谈三点五点,有时候这几点之间关系比较紧密,有时候没有必然联系,整理简报材料时一定要从发言框架中跳出来,不管他谈几点,都只选择那些独到的、新颖的、针对性强的、富于启发性的、具有前瞻性的,而不要面面俱到、平平淡淡。

二要注重摘重点。会议的主题是代表讨论的重点,也是简报素材的重点,要围绕这些重点捕捉简报素材。同时,还要根据会议议程的变化,根据发言重点的转移,及时调整简报素材的侧重点。

三要注重摘活点。对于发言中具有很强时代感和反映现实的鲜活材料,要认真加以捕捉,让简报素材具有时代感和可读性。

总之,对与会同志发言中的一般表态性内容要概括反映,对有实质性内容的意见建议要集中反映,对讨论文件中的新观点、新提法、新表述的独特见解要突出反映,对贯彻会议精神的打算和做法要择优反映,对本单位本部门工作情况的介绍要适当反映。

(三) 编辑整理成稿是关键

掌握第一手的简报素材是整个简报编写工作的中心环节。

一是突出主题。对于编入分组简报或综合简报中每一位发言者的简报稿,都必须突出一个主题,这篇简报稿到底讲了些什么,是认识、体会、建议还是其他主题。从文章中提炼出来的最简洁的词就是主题,如同文件的主题词一样。简报主题方

会务组织

面要注意三个问题：一是多主题，面面俱到。短短几百字的简报稿，涉及很多问题，都是一带而过，全面而不深刻。二是无主题，不知所云。一篇简报稿拖沓冗长，不知要表达什么意思。三是主题与内容不符。简报稿没有把发言者讲得最突出、最深刻、最能代表其心声的内容反映出来，内容和主题不符。在简报编写中一定要抓住主题，只有聚焦，才能谈得深一些，别人也愿意看。正所谓"伤其十指，不如断其一指"。

二是完善结构。一篇简报稿是一个结构严谨的整体。有时与会同志发言比较散，结构不严密，这就需要进行再加工，理顺逻辑关系，使结构趋向合理。一般来讲，一篇简报由开头、主干、结尾三部分组成，其中主干最为重要，既是简报的主要内容，又是体现简报主题的内容。主干部分最容易出现的问题有三个：一是不完整。发言者明明讲了三层意思，简报却只整理了两层，漏掉了一层。二是不厚重。头尾大，中间小，在整个简报稿中所占分量不够，过于干瘪。三是不平衡。有的占的篇幅大，有的占的篇幅小，既不美观，又难以把意思表达清楚。因此，简报也要讲究美学，追求对称美、匀称美、和谐美，充满美感才能称之为好的简报。

三是充实内容。要防止编写的内容干巴巴，只提出观点、未深入阐述，只有骨头、没有血肉，这是刚接触简报工作的同志容易犯的一个毛病。在整理简报稿时一定要尽量充实一些，尤其是要注意交代前因后果，不仅要提出观点，而且要进行必要阐述；不仅要提出意见建议，而且要交代理由背景。需要说明的是，这里说的充实，不是拿大话、套话、虚话凑字数，而是要有实质性的内容，直奔主题，围绕主旨展开阐述。

四是富有特点。与会同志来自不同地区和部门，从事的工作和阅历不同，发言角度和说话特点也会各有不同，在简报编写过程中要注意抓住发言中有个性的东西，只有这样，文章才有生命力。首先，对评价会议的发言概括要独到，要有与众不同的概括，不要一般化的东西。其次，对与会同志的发言要善于运用群众语言进行加工概括。群众的语言最纯朴、最生动、最接地气，看起来比较轻松，品起来比较有味。此外，有些代表发言虽然不成体系，但结合自身经历或本地区本部门情况，体现了个人特点，有比较强的亲和力和感染力。在整理简报稿时要留心把这些生动的东西抓住。最后，要善于运用数据和事例。数据是枯燥的，但数据又是最有说服力的，一个或一组数据有时候胜过千言万语；事例既有助于把观点表达明白，又可以提高简报的可读性。因此，在整理简报稿时，要善于引用代表发言中的数据和事例。

(四) 规范文字表述是基本

文字工整是写文稿的基本要求，规范文字表述也是简报编写工作的基本要求。在简报编写中一定要注意以下"十项规范"：一是导语要规范。要与议程相一致，与实际相符合，与下文相呼应。二是引文要规范。对引文一定要认真核对，避免出错。三是提法要规范。对一些标准化的提法，不要为了追求所谓的原汁原味而随意改变。对于发言者的个人提法，既要忠实于原义，又要避免歧义。四是逻辑要规范。要起得好，承得上，转得顺，合得拢，确保整个简报逻辑严密、结构规范。五是语言要规范。用语完整,注重语法规范,语句要通顺。六是数字要规范。七是标点符号要规范。八是称谓要规范。领导一般称"同志"而不称职务,党外人士、外籍人员可称"先生""女士"。此外,像"党的十九大""党的十九届四中全会"等提法,除导语用全称外,正文一般用简称,文件名也是如此。九是格式要规范。每篇简报稿,空两格写发言者的姓名加冒号,然后才是正文。十是篇幅要规范。一般来讲,简报中每个发言者的内容不超过200字,一篇简报中每个发言者的内容篇幅也要大体相当。

第六章
宣传报道

本章主要分析从会前、会中和会后三个阶段宣传报道工作。会前宣传工作主要通过线上、线下的主流媒体、新媒体等渠道，迅速发布会议信息，如有必要可召开新闻发布会。会议宣传工作可以通过专访、专家点评或是现场直播、在线直播、线上互动同步等方式进行重点宣传。会后宣传工作主要是回顾会议亮点或整个会议的核心内容，可以通过视频、图片等方式，巩固宣传效果。

第一节 会前宣传

一、宣传方式

宣传手段主要分为线上线下两种形式和传统媒体，线上包括各种新媒体，线下包括海报、横幅、宣传手册等，传统媒体则囊括了报纸、广播、电视等形式。会前的宣传是相关人员了

会务组织

解会议的一个重要窗口,这个窗口不仅要传递信息,而且要具备一定的吸引力。

(一)线上宣传

线上宣传就是指在网络上进行的宣传活动,通过网络发布会议信息,告知与会议相关的所有人员,整个流程基本上都是在网络上完成。

1. 微博限定用户只能使用140字的简短文字信息,并且是在一定的关系基础上进行信息的分享、传播、获取。

2. 微信既可以是点对点的对话型传播模式,又可以是点对面的公众号传递。既可以用图文表现,又可以用视频、音频表现,非常方便。

3. 在会议召开前,将会议的主要信息醒目地放置于主办方的网站上,可让与会者及相关人员通过官方网站直接获取会议的相关信息。

(二)利用传统媒体向社会公众发布信息、进行宣传

传统媒体主要包括报纸、广播、电视等媒体。即使新媒体迅速崛起,也依然不能够代替传统媒体在传播渠道中的主流地位。传统的三大媒体中,报纸是以文字传播为主,广播以声音进行传播,电视则是视听综合一体的,是目前受众分布最为广泛的传播途径,也是大多数会议传播的主要形式之一。

1. 报纸作为历史最长的平面媒体,具有无可比拟的权威性及可信度。

2. 电视在传播信息方面有着无可比拟的优势——直观易懂、覆盖面广,受众不会受到文化及经济层面的限制,这对于会议

前期宣传的影响力来说是至关重要的。例如,在党的十九大即将召开之际,中央多方组织拍摄并播出了系列政论专题片,通过不同领域、不同视角的展现,扩大了会议的影响力。

(三)线下宣传

如悬挂横幅、张贴海报、发放宣传手册、投放户外广告、召开新闻发布会等。新闻发布会是重要的线下宣传方式,主办方在即将举行会议之时,通过新闻发布会公布相关信息,借助新闻提升该会议的影响力以及与该会议关系密切的相关单位的形象。

 例1

"中国(××)城市智能系统国际研讨会"新闻发布会程序

一、时间、地点、人员

(一)时间

××××年××月××日上午9:30—10:45

(二)地点

××酒店三楼××厅

(三)主持人

省人大常委、教科文卫委副主任×××

(四)出席领导及专家

1. 中国×××研究院副秘书长×××

2. 省委副秘书长×××

3. 省委宣传部副部长×××

4. 省××学会会长×××

5. ××大学副校长、AI研究中心主任教授×××

6. 省××学会秘书长、某某大学某某教育中心主任教授×××

（五）新闻媒体

人民日报社、光明日报社、经济日报社、南方日报社、羊城晚报社、广州日报社、南方杂志社、人民日报华南分社、南方网、南方都市报、第一财经日报、二十一世纪经济报道、国际商报社、信息时报社和中央电视台、广东电视台、南方电视台、广州电视台、新浪网、搜狐网、中国行政管理杂志社、南风窗杂志社、华夏杂志社、新经济杂志社、深圳特区报社、深圳商报社等。

二、程序

1. 主持人介绍主席台就座的领导和专家。

2. 中国××研究院副秘书长×××讲话（约8分钟）。

3. 省委宣传部副部长×××讲话（约8分钟）。

4. ××大学副校长、AI研究中心主任教授×××介绍研讨会的筹备情况（约25分钟）。

5. 省××学会秘书长、××大学××教育中心主任教授×××介绍会议日程安排（约8分钟）。

6. 领导、专家答记者问（约20分钟）。

7. 新闻发布会结束。

"中国（××）城市智能系统国际研讨会"新闻发布会工作安排

一、邀请、落实出席领导及专家（名单略）

二、邀请、落实新闻媒体（具体名单略）

三、场地布置及人员、物品配备

1. 新闻发布会背景牌

2. 酒店大门口宣传牌（表明主办、承办、协办单位）

3. 大堂指示牌（两块）

4. 会议室门口落地立牌

5. 主席台及座位标志（排序）

6. 会场桌、椅摆放（按100人排位）

7. 音响、灯光等设备的调试和落实

8. 签到台

9. 司仪2人（可由工作人员兼任）、绶带2条

10. 现场拍照1人及单反相机1台、摄像人员2人及摄像机2台，脚架2个

四、接待工作

1. 有关领导安排

2. 茶水的准备

3. 与会领导、专家的迎送

五、书面材料起草、印刷

1. 新闻发布会实施程序

2. 领导讲话稿（主办、承办及协办单位领导，稿件均拟好）

3. 主持词

4. 研讨会筹备情况介绍

5. 发布会新闻通稿

6. 相关背景资料

7. 协办单位资料

会务组织

六、相关用品准备

1. 工作人员胸卡

2. 文件袋

七、对上述工作的检查与督办

××××年××月××日

二、会议宣传基本工作流程

1. 明确会前宣传的目的和任务,让与会者及领导了解会议召开的时间、地点和会议主题。

2. 会务工作机构要做出会议前后宣传费用的必要预算。

3. 会前宣传是一种预告和舆论造势,使公众有心理准备并了解大致情况,为开好会议做准备。

4. 合理选择宣传方式和媒体渠道,线上和线下相结合。一般来说,媒体渠道包含专业媒体和大众媒体。

第二节　会议报道

一、现场报道

(一) 会议报道预案

会议报道是各类主流媒体,特别是报纸、广播电视报道的重要内容。会务工作机构在会前要与各媒体进行广泛深入的沟通,明确报道方式和方法。根据不同会议的性质和领导要求,有的会议记者可随会自由采访、广泛宣传报道;有的会议则无须记者到会，由会务工作机构统一发出新闻通稿，发送给各媒体登载；有的会议可暂时不宣传报道，请主流媒体派记者到会场摄像、拍照，作为媒体的留存资料，以备不时之需。

（二）会议报道理念

会议宣传旨在把会议的主题、主旨、重点内容、公众的关注点及会议热点内容作为新闻报道的主要内容。要尽可能给记者提供足够的便利，如发给记者必要的文件资料，尽可能协调记者需要采访的重点人员，查阅有关档案、资料等。宣传党和政府的会议精神、工作情况是媒体的职责，所以一定要给予足够的信任，支持媒体做好会议的宣传工作。同时，对媒体要严要求、严管理，对重要的会议内容、敏感的问题，报道时要严格把关，坚持正确的方向，绝不能出现负面影响。

（三）会议报道特色

会议报道不能只是简单地诠释、复制、传抄领导讲话和相关文件，而必须有所创新、有所发展，在牢牢把握导向的前提下，言人之所未言，以新思想、新观点启发人、吸引人、引导人，提升报道的影响力。

会议报道应跳出会议来写会议，突破传统的记叙性报道方式，着眼于会议中的新亮点，把笔墨更多地放在这些亮点上，使受众看到充实而有价值的内容。

1. 积极捕捉会议现场的细节。例如，《三湘都市报》某期头条新闻标题为"袁院士，请您坐中间"，导语是"省府庆祝袁隆平获世界粮食奖，省长亲自为功臣换座"，具体内容如下："今天下午，省政府隆重召开袁隆平院士获世界粮食奖庆功大会，

会务组织

×××省长走上主席台时发现袁院士的座位未在中间,马上亲自动手把写有'袁隆平'三字的座位牌放到主席台正中,并恭请袁院士入座。看到这一幕,会场上响起热烈掌声"。采编者关注到了与会者,也就是省长让座这个细节,事情虽小,却能于细微处见精神,体现的不仅是省长个人的品德,而且体现了省内重视人才的良好氛围,与会议主题相得益彰。

2. 通过对会议的"局部放大"来增强会议报道的感染力。把局部的新闻事实放大到全局,表现出一定的新闻内涵、某种特殊的情感、特定的时效空间,来打动受众,并以此来反映出具有全局意义的新闻事件。会议的规模有大有小,形式也多种多样,因此,会议报道究竟要怎样进行,并没有固定的规则和模式,只能依据实际情况来决定。采编者在会议现场要善于抓住每一个能够把局部放大的机会,把受众的心"牵引"到会议现场。会议的现场感将会为会议精神或会议内容的传达带来不可忽视的力量。

3. 及时转变角度。曾经有一名记者去报道一场大型的青少年性教育展览会,但是从早上八点一直等到十点,来参展的人仍然寥寥无几,记者找到展会工作人员询问,而工作人员也表示不解,通知的许多学校都没有到场,这种情况还是比较少见的。记者回去之后并没有详细报道展会的情况而是把"展会没人去"这种现象进行了报道,之后便引发了热议从而获得社会关注。

二、新闻通稿

新闻通稿，即新闻通讯社采访到重要的新闻后，会将其形成统一的稿件发送给各个媒体，再经由媒体转发。新闻通稿具有覆盖范围广、传播速度快、真实性和权威性强等特点。有时，地方党政机关召开的重要会议，媒体起草的通稿要送至会议有关部门进行审核，有的通稿甚至直接由会务主办机构来负责编写，然后发给各媒体。会议类新闻通稿通常要求结构严谨、逻辑性强。

新闻通稿的一般格式包括：第一段，导语，介绍重要的与会人员、主持人、会议背景以及会议过程等；第二段，主体内容，包括领导讲话、嘉宾发言、会议的主要精神；第三段，总结会议成果及意义。

新闻通稿写作要注意以下几点：

1. 标题要醒目，富有吸引力。

2. 导语直截了当地展现会议的背景和基本情况，如时间、地点、与会人员、会议主题。

3. 对领导的讲话内容进行提炼。提炼领导的讲话内容要注意措辞，言简意赅，尽可能保留领导的个人风格特点。

4. 描绘会场气氛。一般情况下，会场气氛往往是热烈的，主要是记者现场获取，也可以在亲访与会人员时获取。

5. 简要概括会议的意义。新闻通讯稿的最后一段往往要简短评论会议的意义，升华会议的价值。

会务组织

三、注意事项

（一）衔接参会媒体

对于不同的会议类型，会务人员应采取不同的方式与新闻媒体衔接。例如，换届会议由××学会发函，邀请从事政务宣传报道的新闻记者参加；研讨会由主办机构发函，邀请新闻媒体记者参加。

例2

关于邀请新闻媒体参加省××学会第六次代表大会的函

××日报社、××日报社、××晚报社、××电视台：

经报请省委、省政府领导同意，省××学会定于××××年××月××日（星期三）下午3：00在××大厦三楼国际会议厅，召开省××学会第六次代表大会，选举产生新一届理事会及领导班子。届时，中央有关部门领导及省领导将出席会议。

诚邀上述单位派记者参加，并请准时出席。大会在××大厦大堂设有报到处，与会记者报到时间：××月××日下午2：50前。

联系人：×××　联系电话：×××，×××　传真：×××

附件：参加省××学会第四次代表大会新闻媒体回执

××省××学会
××××年××月

（二）摄影、摄像

摄影、摄像是宣传会议和会议存档的重要工作之一。会议主办方一般要邀请媒体摄影记者及档案机构的专门人员到会拍摄。新闻摄影记者和档案人员会在会场捕捉有价值的画面和场景，会务工作人员要给予大力支持和配合。

第三节　会后宣传

一、会议总结

大型的重要正式会议一般都要有正式的总结。会议总结有两种形式，一种是开会总结，另一种是书面总结。会议总结的内涵是对整个会议进行回顾、分析和评价。

（一）会议总结的概念

会议总结是各个机关团体、企事业单位对于某一阶段或因某一项具体工作而召开的会议的一个总体回顾，揭示其内在的规律，以指导未来的会议。总结的目的是通过对目前会议中的优点与缺点的回顾分析，吸取经验教训，并把感性认识上升到理性认识，以指导今后的工作。

（二）会议总结的特点

1. 经验性。总结的情况必须是真实、具体的。总结会议首先要充分肯定会议成功的经验和做法，或有特色、有创新的做法。

2. 规律性。在总结经验的基础上，对大量事实、数据进行系统化、条理化分析，总结其中规律。总结经验可以指导以后的会议工作。

3. 借鉴性。得到实践引导的会议总结便是下一次会议可以参照的理论。一定要吸收经验，吸取教训，指导以后的会议能够更高质量地完成。

(三) 会议总结的基本类型

1. 向上级机关报送的汇报性总结。总结的结构一般包括标题、正文和落款三个部分。落款即署名和署时，可以写在标题之下，也可以写在文尾。如《中国（××）政府管理创新国际研讨会会议总结报告》。

2. 本单位自行进行的会议总结。要对会议全过程进行系统总结，总结经验与教训，并在会议总结的同时表彰先进，批评鼓励后进。

二、宣传跟进

(一) 媒体跟进宣传

在做好会议总结的基础上，协调媒体更加广泛深入地展开会后跟进宣传，促进会议精神能够更好地传达。

>>> 例3

《××日报》会后对中国×××2019年年会的新闻报道
调整行政区划　创新行政管理体制　助××市全面发展
2019年××月××日××日报头版　××

"中国××××××2019年年会暨落实科学发展观、推进行政管理体制改革会议"××日在××闭幕。××市常务副市长×××代表市委、市政府向大会作有关××行政区划调整以来发展情况的专题演讲。

在演讲中，×××介绍了××市进行行政区划调整、实行"一市辖五区"管理体制后，进一步深化行政体制改革、推动社会经济发展的情况。××市以"高效行政、依法行政、廉洁行政、透明行政、规范行政、服务行政"为目标，以适应社会主义市场经济发展要求为导向，以提高政府执政能力为重点，以简政放权为突破口，不断更新行政理念，积极转变政府职能；在推进政务公开，建立便捷、透明的政务服务体系的基础上，坚持依法行政，优化政府管理结构和方式，创新行政管理体制，努力提升政府管理效能，为实现××市跨越式发展注入了强大的动力，营造了良好环境。

×××常务副市长从5个方面总结××市实行行政区划调整以来取得的良好成效：产业强市建设取得明显成效；现代化大城市建设快速推进；文化名城建设成效显著；社会主义新农村建设扎实开展；富裕和谐××建设全面推进。中国×××负责人×××对此次会议作了总结。他说，今年的年会盛况空前，成果丰盛，这得益于我国各级政府对行政体制改革的重视。要综合运用会议成果，进一步总结经验，开拓新思路，探索行政体制改革的新目标，重点建设决策机制、执行机制、协调机制、应变机制、危机管理和监督机制。发展电子政务，推行绩效管理和绩效评估，解决政府运作难题。

(二) 新媒体跟进宣传

宣传会议的精神切不可忽视新媒体的作用，现在是"互联

会务组织

网+"时代,借助微博、微信、网站等平台,以文字、视频、图片等方式来宣传会议召开的情况非常方便快捷。随着新媒体的迅猛发展,建设、运用和管理新媒体也逐渐成为会议工作中一个重要的组成部分。

三、文件留存

整理会议的会前、会中、会后的宣传资料,包括收集新媒体上发布的相关文章、报道、通稿、评论等书面文字,还有就是对原版报纸、刊物等实物的收集,经领导审阅后装订、盖章、编页码、分类立卷。同时,将经过整理的电子文件存入光盘,并采用数据压缩工具对归档电子文件进行压缩,然后将确定归档的电子文件进行备份操作。立卷完毕,装盒并入柜保管。

 例4

部分新闻媒体报道中国(××)政府管理创新国际研讨会所用标题目录

1.《××日报》2005年××月××日 A01版:政府责任不能"外包"

2.《××日报》2005年××月××日 A02版:中国(××省)政府管理创新国际研讨会专家指点:不论什么危机,一个号码报警

3.《××日报》2005年××月××日 A03版:管理学者要当好政府参谋

4.《××晚报》2005年××月××日A2版：××市召开国际研讨会，探讨政府如何更精更廉

5.《××晚报》2005年××月××日要闻版：政府职能转变，事业单位更名？

6.《××日报》2005年××月××日：××省事业单位3 000亿元国资监管体制待破

7.《××都市报》2005年××月××日：政府管理创新，粤向专家借脑

8.《××都市报》2005年××月××日：公交、学校、医院民营须防"政府卸膊"

9.《××日报》2005年××月××日A02版：专家献策政府管理

10.《××日报》2005年××月××日A03版：400名专家学者齐聚××省，深入研讨政府管理创新

11.《××日报》2005年××月××日A04版：首届政府管理创新研讨会闭幕

12.××网：国务院发展研究中心专家建议——统计部门尽快垂直管理

13.××网：专家建议××省区域公共管理——"泛珠"应加强民间合作

14.××网：改进治理方式，促进管理创新

15.××网：电子政务的功能：为社会服务

16.××网："公共责任"不能民营化，政府不能因服务外包而推卸责任

第七章
会议礼仪

中国是礼仪之邦,会议礼仪是会务工作的重要组成部分,良好的会务礼仪规范不仅能够体现会务组织方和参与方的公务素养,而且可以确保会务沟通更加顺畅。会议礼仪包括会议的基本礼仪规则和会议组织者与参与者的仪容、仪表礼仪等。它是与会人员和会议服务人员能够更好地参与其中,确保会议顺利、和谐进行的前提条件。

第一节 基本礼仪规范

一、会议礼仪基本规范

(一)与会者礼仪

与会者在开会的全程都有义务遵循基本的会议礼节。

1. 会前。

(1)守时。在参加会议时,要在会议规定时间的基础上提前十分钟左右进入会场,切忌迟到,在这样的正式场合迟到可视为对本次会议的不重视,也是对其他与会者的轻视和不尊重。确有原因迟到的,要提前向会议主办方报备,进入会场时向主持人及其他与会者点头致歉。

(2)仪容仪表。如会议通知有着装要求,应严格按照通知规范着装,没有着装要求的,可以按照出席公务活动的仪容仪表的要求,着正装,整个外表要呈现端庄、干练、成熟、稳重、儒雅的会务职场形象。

(3)举止。与会人员在参加会议时,坐姿要端正,不可东倒西歪或趴在桌子上。不要搔首、掏耳、挖鼻、剔牙、剪指甲,更不能在室内抽烟、开小会或大声喧哗。

(4)在会议开始前将随身携带的通信设备、电子设备关闭或调至振动状态。

2. 会中。

(1)会议进行期间,与会人员应认真听取报告或他人发言并做好记录。

(2)不要与旁人闲聊,不看与会议无关的书报,不低头看手机,也不要吃零食、打瞌睡等。

(3)不要在会场随意走动或是随意进出。

总之,在会场上要杜绝一切不文明的行为。

3. 会后。

(1)听从会场工作人员安排,与他人进行有序的交流、合影等。

(2)会议结束后,与会人员要按顺序离开会场,不要拥挤和横冲直撞。

（二）其他与会人员礼仪

这里的其他与会人员，主要是相对于一般与会者而言的，包括主席台就座者、会议发言人、会议重要来宾等。除了应遵循与一般与会者相同的礼仪之外，还有需要注意的一些独特的礼仪。

1. 主席台就座者礼仪。进入主席台时，应该井然有序；若在此时其他与会者鼓掌致意，主席台就座者也应微笑着鼓掌作为回应；如果座位已用姓名标注，只需对号入座即可，如座位上无姓名标注，按照工作人员的引导入座。会议进行时，主席台就座者应该认真倾听发言人发言，一般不与其他就座者交头接耳，更不能擅自离席，确有重要和紧急的事宜需提前离开会场，应同主持人打招呼，最好征得其同意后再离席。

2. 来宾礼仪。会议邀请的嘉宾，应遵循"客随主便"的习俗，听从会议组织者的安排，做到举止端庄，行为有度。

3. 就座规范。入座时，走到座位前，右脚向后撤半步，上身保持正直轻稳地坐下。着裙装的女士，入座时将裙子的下摆稍微收拢一下。两腿并拢，两脚靠紧，小腿垂直于地面，大小腿折叠约90度，两手相握放于大腿上。最后，坐在椅子上，上身应自然挺直，背部成一平面，身体重心垂直向下。

（三）与会者注意事项

1. 出席会议要准时或早到，千万不要迟到。如对会议不熟悉，要提早进入会场，并可以向其他在场的与会者做自我介绍，沟通会议内容；也可以向主办方咨询请教，更深入地了解会议内容。

2. 如会议因故延迟，不要独坐在一旁或是显得不耐烦，可以适当地与周围的与会人士交谈，聊些与会议主题相关的话题。

3. 在参加会议之前要将开会的目的、内容等信息做深入了解，以便开会时能顺利进入状态。

4. 若是要在会上发言，到会场后应将报告的内容及资料再次整理、过目，并要求工作人员一同测试一下相关设备，以便发言能顺利进行。

5. 如果要在会议中录音，应于事前征得主办方的同意，不宜擅自录音。若要录像，须在会议开始前就将设备架设完毕。

6. 除了指定的会议记录人员之外，与会者也需记下他人或自己的讨论及评论要点，吸取别人的意见与经验。

7. 不可随意打断他人的发言，应等对方报告到段落末尾或结束时再提出问题，对于对方的观点有不清楚或不理解的地方，可在遵循会场规则的前提下要求对方做出说明。但无论任何发言，都应遵守议事规范。

8. 在会场上轻松流畅地抒发自己的观点，尽可能避免紧张或词不达意。如果对他人的见解无法认同，也要控制自己的情绪。暴躁的否定是粗俗无礼的，可轻松摇头或在对方说完话之后做一番平静的评论，以表示不认同。当着其他与会者发表意见时，要注意用词的准确性，如"我"是代表个人，而"我们"则是代表单位、团体或某些人。

9. 会议是公务场合，即使是中途短暂休息的间隙，也不要随意打探与会者的隐私或议论参会者，可以就会议内容表达一

会务组织

下自己的见解或寒暄一番等。

二、发言礼仪

（一）发言人礼仪

对会议发言人或报告人来说，其礼仪主要体现在遵守秩序发言。如果话筒距离自己的座位较远，则应该立即调整。如果是坐着发言，也不要刚一落座就急着发言。在发言之前，可面带微笑，环顾一下会场四周，如会场里响起掌声，可以适时鼓掌以作回应，等掌声停下来后，再开始发言。发言时应掌握好语速和音量，以让会场中所有的人都能听清为宜。发言或报告一般要讲普通话，不能大量运用方言。发言或报告中还应注意观察与会者的反应，以便根据具体情况对发言内容做相应的调整。例如，会场里交头接耳不断，就要考虑适当转移话题，或将发言、报告内容适当进行压缩，尽量缩短发言时间。发言或报告结束时，应向会议全体参加人员表示感谢。

此外，在会议上的发言内容要经过充分的准备，态度要谦虚谨慎。发言内容要求做到突出中心、材料丰富、感情真实、语言生动。发言时切忌自我推销，更不能对听众有任何不尊重的言语、动作和表情。同时，发言要严格遵守会议组织者规定的时间要求。

（二）发问者礼仪

1. 在别人发言时不要打岔。如果要提问可以先举手，经过会议主持人认可后再发言，这是发问的基本礼貌。

2. 发问时应该只是对事不对人，万不可损及他人的人格及名誉。会上发言时，应该口齿清晰，态度平缓，手势得体，不可手舞足蹈，忘乎所以。

3. 发言要精简，观点要明确；讨论问题，态度要和蔼，不要随便打断别人的发言。对不同意见，应秉承求同存异的原则，以理服人，不要挖苦讽刺或进行人身攻击。

三、接待礼仪

（一）服务礼仪

1. 例行服务。会议举行期间，一般都要安排专人在会场内外负责迎送、引导、陪同与会人员。对与会的贵宾以及老、弱、病、残、孕者，少数民族人士、宗教界人士、港澳台同胞、海外华人和外国人，往往还需进行重点关注。对于与会者提出的正当要求，应尽量满足。

2. 如有必要，还应为外来的与会者在住宿、交通方面提供力所能及、符合规定的服务。

3. 餐饮安排。若会议时间较长，一般要为与会者提供会间的工作餐。与此同时，还应为与会者提供卫生可口的饮品。

4. 会后服务。会议结束后，全部接待人员应按分工做好善后处理工作。有时在会后还会安排一些活动，如参观、照相等，这些工作很烦琐，应由一位组织能力强的领导统一指挥和协调，其他接待人员积极配合，各负其责，做好自己分内的工作，以保证活动计划的顺利实施。

5. 会议结束后，需要安排好送机、送站等工作，因此最好在会议签到时就请各位与会者把返程信息及时登记清楚，以便

会务组织

会议组织者准确无误地安排好送机送站的工作。

（二）会前引导细则

1. 如果需要陪同乘车，通常有两种情况：一是有专职司机开车时，小轿车1号座位在司机的右后方，2号座位在司机的正后方，3号座位在司机的旁边（如果后排乘坐三人，则3号座位在后排的中间）。第二种情况是迎宾领导亲自开车，则要请主宾坐到领导的右侧，即前排右侧的位置，也就是副驾驶的位置。乘坐中型车时，主座在司机后边的第一排，1号座位在右边临窗的位置。乘坐大中型商务车时，则前座高于后座，右座高于左座，距离前门越近，座次越高。

2. 当主宾双方并排行进时，引领者走在外侧，让来宾走在内侧。单行行进时，引导者应走在前，来宾走在其后。

3. 陪同客人行进的位次，首先要把靠墙的位置让给客人，让客人在右边；陪同引导的标准位置是在客人的左侧前方或右前方1米到1.5米左右。如果客人清楚行进路线，应让客人走在前方。

4. 上下楼梯时，一般情况下，女士先行，但是当女士穿短裙时则男士要走在前边。

（三）交谈要求

1. 文明使用语言。绝不能在交谈之中使用粗话、脏话、黑话、荤话、怪话、气话。

2. 使用礼貌用语。会议接待工作中要多使用礼貌用语，这是博得他人好感与体谅的最为简单易行的做法。如"您好""请""谢谢"等。

3. 注意语言的标准性。一是发音要标准;二是语速要合适;三是口气要谦和;四是内容要精简;五是少用方言;六是慎用外语。

第二节 会务摄影与合照礼仪

一、会务摄影

(一) 会务摄影概述

会务摄影是记录会议过程的一种工作方式,所拍摄的照片用于宣传、推广、存档和纪念,是会务工作的重要组成部分。会务拍摄的技巧包括场面技巧、特写技巧和个人技巧。拍场面要全景与半景相结合,宏伟,有气势;拍个人要拍出人物的神采。此外,还可拍些花絮,丰富会议的色彩。仰拍一般场面盈满,人物高挑而丰满,平拍较客观真实,特大场面的会议活动要俯拍或航拍。会议摄影更侧重于新闻摄影,不同于个人摄影,讲究的是新闻价值和留存价值,一般作为档案资料,要求内容全面准确,重点突出。因此,会议照片不是拍摄者的个人作品,而是会议的文件材料系列,由会务工作机构或档案机构按规定管理使用。而在一般的会务工作中,合影的频率很高,因此,掌握合影的礼仪非常重要,这是提高会务摄影水平的基本要求。

(二) 会务摄影要求

首先,会议摄影人员必须全方面了解会议内容、会议时间、地点以及任务。要提前考察场地,提前了解拍摄位置等情况,

会务组织

以根据现场情况准备拍摄器材。其次，拍摄要整体全面，主会场图片、领导个人图、握手图、花絮、LOGO、特效等都需拍摄并且拍摄技术要过硬。

（三）拍摄准备

1. 沟通拍摄需求。

2. 准备好工作证件和照相器材，特别是电池要充满电。

3. 如果条件允许，在会议开始前，要预先进入场地适应，看看什么角度拍摄更方便，结合会场的大小看看光线是否合适，同时，要在组织方规定的范围内设计好嘉宾位置及机位摆位和角度。

4. 提前拍摄一些空镜头（即景物镜头，画面中没有人物的镜头）或者是会场、签到席、嘉宾席、奖杯、奖牌等有纪念意义的场景。

（四）会中拍摄注意事项

正式拍摄从签到处开始，重要参会人员签到的镜头应该拍摄下来（工作人员会给他们佩戴胸花，很容易识别）。来宾间的问好、握手、交谈的镜头也是重要的镜头。

1. 几乎全部使用广角镜头拍摄。

2. 会议开始后，要先拍摄大的场景，一定要拍一张会议全景照。所有的要素都要拍进画面当中，将会场会议标题横幅拍进，让人一看照片就知道会议的主题，尤其是横幅类的醒目标识，做到"三位一体"，即会议横标、主席台领导和参会人员。

3. 对于主持人、重要人物讲话，要采取特写加中景的拍摄方法，以便获取其声情并茂的画面。采用45度的角度，规避舞台的台角等影响画面整洁的物品，从正侧方拍摄的好处就是不至于让麦克风挡住人物。从各个角度都要拍摄到，特写、中景、全景各几张，方便后期使用。

4. 在拍摄时构图角度和领导形象展现方面都需要把握良好的构图要求，尽量呈现领导或嘉宾健康积极的一面，避开不和谐的画面构图，如发言时麦克风挡住人物半张脸、桌子水平面与领导颈部等高等。

5. 会议活动拍摄虽然不是专业影视广告拍摄要求，但是基本的拍摄构图也要严格遵守。拍摄领导嘉宾时尽量少用俯拍镜头，因为从高角度拍摄人物特写，会削弱人物的气势，压缩人物。

6. 拍摄时间也很重要，会议开始前大家的精神状态比较好，这时候拍摄的照片视觉上也有精气神。一般会议进行到后半程，很多人就开始出现疲态，这时候拍摄人物看起来会疲惫不堪。

7. 对于会议重要的环节或者流程，最好肩扛或者手拿照相机近距离拍摄。

8. 多拍一些观众的镜头，如鼓掌、思考、点头、仔细聆听的镜头或者花絮，方便后期剪辑时使用。尽量用近景或特写画面，听众不耐烦的情绪或是打盹的画面不可以拍摄。

9. 可不用闪光灯的时候尽量不用，但对于会议活动中的颁奖画面是可以用的，每个人都希望这个时刻被记录下，同时也可提高快门的速度，但不要出现曝光不足或过度曝光的情况。

10. 声音的录制也很重要，在条件具备的情况下，可以用话筒的音源录制。

会务组织

11. 会议结束后,一张好的集体合影需达到以下要求:

(1) 集体群像在画面布局合理、充实。

(2) 前后排无遮挡现象。

(3) 最前一排与最后一排的人都清晰。

(4) 没有前排头大、后排头小的透视变形。

(5) 没有闭眼睛的情况。

(五) 会后拍摄注意事项

1. 选取较好的照片保留下来,对焦不清晰、光线昏暗,或人物表情不好,构图不好的照片可先删除,对反映同一内容的若干张照片,应选择其主要照片归档,主题照片应主题鲜明、影像清晰、画面完整、未加修饰,再发送给需要的使用方。

2. 领导人以及保密性会议,只允许指定工作人员或档案部门专人拍摄及保存,不得占为己有或未经审批使用。

3. 照片的使用要经过一定的审批程序,如外单位需要,应出具相关申请文件。

二、合影礼仪

在会议活动接待中,合影是一项非常常见的活动形式。会议前、会议中、会议后都需要合影留念。作为留念以及为以后做宣传推广等资料使用,会议前和会议中负责摄影的工作人员根据需要拍摄带有主题标志等有用的图片即可。会议后的合影需要讲究合影礼仪,会议后通过合影,可以进一步加深感情,能够更好地记住参会人员,也为大家的交往留下凭据和美好的回忆。在正规的会议接待活动中,无论是接待单位,还是被接待的来访人员，都不对合影相当重视。正是因为合影在接待双方的交往中能够起到"催化剂"的作用，可以巩固大家的友谊，所以接待人员要重视拍照礼仪，讲究拍照礼仪。在人们的普遍认识中，拍照是一件很随意的事情，但拍照是有很多讲究和忌讳的。对于接待人员来说，要处理好合影的问题，需要关注下述问题。

（一）合影准备

在进行准备工作时，必须特别注意以下四个方面的细节：

1. 主随客便。这是指在合影之前，接待人员所在的主办方应该先征求来宾的意见，只有在来宾们都同意的情况下才能够进行拍照。如果是正式的会晤或会议合影，最好在请柬上就注明需要拍照等事宜，以便来宾提前做好着装等准备。如果来宾不愿照相，可以好言劝说，热情邀请；但如果来宾由于种种原因而坚持不照的话，合乎礼仪的做法是以来宾的意见为主，切勿强人所难。

2. 布置场所。在拍照活动中，会议合影场所的选择和布置是十分重要的环节。它能够反映出主办方对此次活动的重视程度。如果合影场所十分随便或是简陋，则会相应地降低会晤或会议的档次。越是正式的合影，就越应该提前选择好场地，并进行认真布置。

（1）选择好合适的场所。在场所选择方面，又分为室内和室外两种情况。在室内照相时，要注意场地的大小和光线的明暗等问题。在室外照相时，则要重点考虑天气和位次等问题。特别要注意的是，若是大风天、阴天或是十分寒冷、炎热的天气，不宜在室外进行拍照。如果因为拿不准天气的情况而事先不好做决定时，最佳方法是提前做好两手准备，到时再根据现场情况临时决定，以防手忙脚乱。

（2）考虑到背景的布置。如是否要挂横幅、横幅如何书写都是事先就应该安排好的问题。同时，如果合影人数较多，还要考虑来宾在拍照时所用座椅的摆放问题。在必要的时候，也可以租借专门用于合影的背景站架。

3. 备好器材。拍照时所需要的器材，如照相机、电池、闪光灯、三脚架以及根据合影规模而选择的相应的镜头等，均应提前备好、备足，防止在合影时发现短缺，以致影响合影的效果。在正规的拍照活动中，最好请专业的摄影师，使用专业的摄影器材进行拍摄，因为这样才能保证拍照效果。同时在拍照活动中，相同的场景最好也多拍几张，以防万一。

4. 确定时间。会议正规的合影，在必要时要向所有参加者通报具体的时间，使大家有所准备。此外，还应要求大家遵守时间、准时到场。同时，在拍照活动中，要抓紧时间、讲究效率。用最快的速度组织参与拍照的人员排好位次，开始拍照。拍照活动最忌讳的就是无人组织或者是组织不力，以至于大家拖拖拉拉，把拍照当成了聊天叙旧和自由活动。这样，不仅耽误大家的时间，而且还会显得主办方组织能力欠缺。

(二）合影排位

会议合影时，合影的排位是非常重要的，也是合影的礼仪。

1. 会议的排位习惯。国内合影时的排位，一般讲究"居前为上""居中为上"和"以左为上"。具体来看，它又有"人数为单"与"人数为双"的分别。在合影时,国内的习惯做法通常是主方人员居右,客方人员居左,即"以左为尊",如图7-1所示。

2. 坚持涉外合影的排位惯例。在涉外场合合影时,应遵守国际惯例,讲究"以右为尊",即宜令主人居中,主宾居右,双方其他人员分主左宾右依次排开。简而言之,就是讲究"以右为上",如图7-1所示。

| 9 | 7 | 5 | 3 | 1 | 2 | 4 | 6 | 8 |

国内政府机关

| 8 | 6 | 4 | 2 | 1 | 3 | 5 | 7 | 9 |

国际通用

图7-1　国内外会议合影位次示意图

如果有必要排列合影参加者的具体位次时,应首先考虑到是否方便拍摄。与此同时,还应注意场地的大小、人数的多少、背景的陈设、光线的强弱,以及合影参加者的具体身份、高矮胖瘦、方便与否。

在一般情况下,正式合影的总人数宜少不宜多。在合影时,所有的参与者一般均应站立。必要时,可以安排前排人员(领导嘉宾)就座,后排人员则可在其身后呈梯级状站立。但是,通常不宜要求合影的参加者以蹲姿参与拍摄。另外,如有必要,可以先期在合影现场摆设便于辨认的名签,以便参加者准确无误地就位。

3. 拍照表现。在正规场合拍照是一件很严肃的事情,因此各方人士都要认真对待。具体到个人表现时，主要讲究的是着装正规、仪表整洁、表情自然和举止有礼四个方面。

（1）着装正规。在合影拍照场合中，参与人员的着装要求是正统、端庄、规范。一般来说，参与人员在拍照场合最为标准的着装，主要以深色的西装、套裙或制服为主。具体而言，男性的着装应做到端庄、干净、文明、整洁，而女性的着装则应力求达到高雅、庄重、严肃。通常，男性可以穿上下同色、同质的毛料中山装、西装或民族服装。女性则可以穿各式套装或者长裙等，要努力从服装上显示出自己的修养和气度。在正规拍摄场合，一般来说，都不宜穿着夹克衫、牛仔裤等便装，更不能穿着短裤或背心。同时，要注意鞋袜的搭配，不要在裤脚露出衬裤，或者是深色的鞋裤中有一截浅色袜子，更不要出现"三截腿"的情况。从总体上说，女性要根据"TPO"（Time 时间、Place 地点、Object 目的）原则和自己的特点来选择服饰，使服装与时间、地点、环境相匹配，要懂得"扬长避短"，不要把自己打扮得过于另类而遭侧目。男性则要特别讲究"三色原则"，以防自己的服装出现三种以上的颜色而显得杂乱无章。

（2）仪表整洁。仪表整洁是每一个人在会议接待场合中的首要礼仪要求，在拍照场合更应该如此。照片成型后就无法再改，所以在参与会议拍照活动时，个人仪表通常都会备受关注。作为第一印象，仪表将影响到他人对自己的整体评价，因而参与合影人员应该依照规范并且参照个人条件，对仪表进行必要的修饰，扬其长、避其短，设计和塑造出美好的个人形象，令人赏心悦目。要做到仪容美，就要注意干净整洁、略加修饰。

所谓干净整洁，是指要注意个人卫生，其日常仪容必须做到无异物、无异味。所谓略加修饰，则是指对个人仪容的修整和装饰，如理发，修剪鼻毛、耳毛、指甲等。通常来说，人们讲究"上看头、下看脚"，所以参与合影的人员应特别注意发型的选择和设计。此外，女士应该适当地化一点妆，但切记一定是淡妆。

（3）表情自然。对于参加拍照的人员来说，在拍照活动中，不论是表情过度夸张，还是过于沉重，或者根本没有任何表情，都是不应该的。拍照时的基本表情应当和蔼、亲切、友善。面带微笑，表情和蔼，是指在拍照场合中要努力使人感觉易于接近。而所谓表情亲切、友善，则是指表情要放松，要自然，能够令人感到与人为善，没有距离，平易近人。若态度冷漠、沉重、呆板、做作，甚至怀疑、敌视，是绝对不会令人感到亲切的。

（4）举止有礼。在拍照时，行为举止必须彬彬有礼，特别讲究"站有站相、坐有坐相"。例如，手不能随意插在裤袋里，无论天气怎样炎热都不能当众解开纽扣或脱下衣服，不要在排列队伍中标新立异、与众不同，还要注意不要遮挡了别人的镜头。同时，如果不是患有眼疾，一般情况下不戴着墨镜照相。

4. 拍照禁忌。在拍照活动中，对于接待人员而言，除了注意上述的礼仪要求之外，还要特别注意防止犯忌。

（1）提供照片。合影之后，主办方应主动向参与合影的各方人士提供照片，并保证人手一张。不能"虎头蛇尾"，更不能"有头无尾"。那样会让合影的各方人士产生自己是"道具"之感，这是很不礼貌的。

（2）忌讳他用。接待人员切记，会议合影照片，只宜作为资料或纪念。一般不宜用于对外活动，更不能在没有征求拍照参与者同意的情况下就随便发表。

第三节 会议主要参与人员形象礼仪

会议的成功与否很大程度上依赖会务组织方尤其是会议发言的领导、专家的讲话或演讲，因此，他们是每次会议的灵魂和中心。据专家研究，讲话的内容能否被对方接受，70%来自穿着服饰、行为举止、肢体语言、表情妆容，而谈话内容的影响力只占到30%。因此，每一位参会者都有义务注重会议形象礼仪，尤其是会议上要发言的领导、专家或会议组织者，都需要在会议前对自身进行合适的形象设计、服饰搭配，并且在训练沟通技巧的同时，也要进行肢体语言及行为礼仪规范的训练。下面主要探讨会议主要参与人员或组织者的有关会务形象礼仪。

一、发型妆容

（一）发型要求

1. 女性。女性不宜做夸张发型及个性发型。与会人员中女性的发型应该是干净利落、端庄稳重的。不留披肩发，发不遮脸，刘海不要过低，也不应将头发染成鲜艳明显的颜色。一般以齐耳的直发或微长稍曲的发型为宜，还要避免使用色泽鲜艳的发饰。若是长发,可将其盘起。实用美观的盘发方式有以下几个步骤:第一步,把两侧的头发放在耳前,将剩下的头发向上旋转后向内翻起,贴头皮拉好;第二步,用黑色发卡将发髻固定住;第三步,将两侧的头发前后拉平塞进发髻根处用发卡固定。

2. 男性。分头,前不过眉,侧不盖耳,后不过领,不可烫发;平头,头发长度以2厘米为标准,不可过长或过短,特别不要刻意做成裸露头皮的发型。一般的公务会议,男性可以选择三七分的发型,这是大多数中国公职人员都能接受的发型,会给人稳重的感觉。

3. 发色要求。女性与男性均应以自然发色为宜。女性不宜漂染除黑色、栗色之外的其他颜色;男性不宜漂染除黑色之外的其他颜色。

4. 发饰要求。这主要是针对女性与会人员的。女性不宜选择夸张、张扬的发饰,应选择淡雅的和发色接近的发饰,可以和佩戴的首饰配合和呼应。

(二) 妆容

出席会议场合的女士一般都要化淡妆,这既是显示对会议的重视,又是对其他与会人员的尊敬。但切忌妆面浓艳,要以自然、亲和、庄重的风格为主。

1. 化妆的基本原则。一是扬长避短,要表现出自己面部本身的优势,同时遮盖住缺陷;二是彰显个人风格,在妆面自然的基础上塑造出自己独特的风格;三是整体要协调,色调、外形、款式等要进行和谐的搭配,总体给人一种优雅的感觉。

2. 女士的妆容。女士的底妆不宜太过夸张，在接近肤色的前提下遮盖住脸上的瑕疵即可，也不要大面积地使用腮红。在选用眼影时，不宜过重，棕色为宜，要美观自然且过渡均匀，边缘要与皮肤自然衔接；上眼线紧贴睫毛根部，流畅自然，不宜过粗，不要将下眼线画得太明显，最好不画。如要佩戴隐形眼镜，以无色为佳；佩戴框架眼镜时，杜绝彩色边框。唇部不要使用颜色过于鲜艳的口红和带闪光颗粒的唇膏，低调淡雅的颜色为宜。宜选择低调的香水。

3. 男士的妆容。男士不要化太夸张的妆容，能够彰显成熟、稳重即可。男士更应该注重的是面部和手部的清洁，注意眉毛的修整，定期清理耳部、鼻部，不要留胡须；适当使用护肤品，如唇膏和护手霜等；选择低调的香水。

二、穿戴搭配

（一）女士着装

女士出席会议的时候，穿着应端庄得体。

1. 上衣。最好选用平整挺括的面料，不宜棉质或没有质感的面料，最好为裁剪合体、做工精良的套裙、且要有垫肩，显示端庄能干的职场形象，纯色为宜，单排扣可以不系上，双排扣必须系上。

2. 下装。裙子以窄裙为主，裙子不可太短，下摆长度可到膝盖左右。也可以直接选择职业套裙，职业套裙比较常用的颜色是黑色、灰色、藏青色等深色系。

职业套装并不一定是深色系列，可以选择色泽较为鲜艳的颜色做套装，关键是要搭配好，才能既不张扬又端庄靓丽，显示出应有的会议礼仪。如蓝白配、玫红和黑色配、深蓝色和橙色配、银灰色和白色配等，或者深色职业套装配上一条丝巾也很出彩。

3. 衬衫。最好选择纯棉、真丝等天然材质的衬衫；颜色保持雅致端庄，可选择白色、米色等色系，能与大多数套装搭配。穿着衬衫还应注意以下事项：衬衫的下摆要掖入裙腰之内而不是随意悬置在外，也不要在腰间打结；衬衫最上面的第一颗纽扣可以不系上，其他纽扣都必须系好；穿着西装套裙时不宜脱下上衣而直接外穿衬衫。

4. 鞋袜。鞋子最好是中跟鞋，高度4~6厘米为宜。袜子应是高筒袜或连裤袜。鞋袜款式应以简单为主，颜色应与衣物相配套。穿套裙时一般只穿肉色的袜子，不要选择鲜艳、带有网格或有明显花纹的丝袜。穿丝袜时，袜口不能露在裙子外面。

5. 整洁平整。服装并非一定要高档华贵，但须保持整洁并熨烫平整，穿起来就能大方得体，显得精神焕发。整洁并不完全是为了自己，更是尊重他人的需要，这是良好仪态的第一要务。切忌着装过于暴露和透明，尺寸也不要过于短小和紧身，否则会给人以不稳重的感觉。

6. 饰物点缀。巧妙地佩戴饰品能够起到画龙点睛的作用。但是佩戴的饰品不宜过多或是太过花哨，否则会分散他人的注意力。佩戴饰品时，应尽量选择同一色系。佩戴饰品最关键的就是要与整体服饰搭配统一起来。

会务组织

（二）男士着装

会议一般要求出席的男士着正装。一套完整的西装包含上衣、衬衫、领带、西裤、腰带、袜子和皮鞋，夏季天气炎热时，需选择衬衣和西裤、皮鞋，千万不要肆意乱穿，显得过于休闲或稚气，对会议不重视。图7-2是经过专业形象设计前后两幅照片对比。左图中人物的服饰为棉质的圆领套头T恤、软绵无形的休闲裤、黑框眼镜、夸张的佩玉、反戴的帽子、斜挎的书包、腕上的手表，无法表达对正式会议的重视，给人的感觉过于休闲、随意，与正式的会务场合的形象礼仪不吻合。右图中人物着衬衣、西裤的正装，采用了标准的衬衣扎进西裤方式，佩戴金丝边眼镜，整体给人感觉干练、稳重、阳光，通过服饰表明了与会者的职业素养和敬业精神。

1. 西装上衣。西装上衣的衣长刚好到手自然下垂时的大拇

图7-2 专业形象设计前后对照图

指尖端的位置，肩宽探出肩角 2 厘米左右为宜，袖长到手掌虎口处。胸围以系上纽扣后，衣服与腹部之间可以容下一个拳头大小为宜。

2. 衬衫。长袖的衬衫是搭配西装的唯一选择，颜色以白色或淡蓝色为宜。衬衫领子要挺括；衬衫下摆要塞在裤腰内，系好领扣和袖口；衬衫领口和袖口要长于西服上装领口和袖口 1～2 厘米；衬衫里面的内衣领口和袖口不能外露。如果西服本身是有条纹的，应搭配纯色的衬衫；如果西服是纯色，则衬衫可以带有简单的条纹或图案。

3. 领带。图案以几何图案或纯色为宜。系领带时要把领结系饱满，与衬衫领口贴紧；领带系好后以垂到皮带扣处为准。

4. 西裤。正装西裤的要求是裤线清晰笔直，裤脚前面盖住鞋面中央，后至鞋跟中央。

5. 腰带。材质以牛皮为宜，皮带扣应大小适中，样式和图案不宜太夸张，纯色为宜。对于腰围较大的男士，可改用吊带将裤子固定住。

6. 袜子。袜子应选深色的，切忌黑皮鞋配白袜子。袜口应适当高些，以坐下跷起腿后不露出皮肤为准。

7. 皮鞋。搭配造型简单规整、鞋面光滑亮泽的样式。如果是深蓝色或黑色的西装，可以配黑色皮鞋，如果是咖啡色系西装，可以穿棕色皮鞋，一般要求穿系带皮鞋。

三、肢体语言

"站如松，坐如钟，行如风"是对一个人的外在形象的一个

会务组织

表述。由此可见，站姿、坐姿、走姿等姿态礼仪对一个人的形象十分关键。以下是为大家整理的正确走姿、站姿、坐姿等标准参照动作。

（一）姿态礼仪

1. 站姿。站立时，身体与地面垂直，重心放在两个前脚掌上，挺胸、收腹、收颌、抬头、放松双肩。男士双臂自然下垂或在体前交叉，女士将两手交握放在腹部，眼睛平视正前方，面带微笑。站立时不要歪脖、叉腰、曲腿等，在一些正式场合不宜将手插在裤袋里或交叉在胸前，更不要下意识地做小动作。

2. 坐姿。坐，指的是人在就座以后身体所保持的一种姿势，也是一种静态造型。坐姿是体态美的重要组成部分。一般对坐姿的要求是"坐如钟"，即坐相要像钟那样端正稳重。坐姿的主要特点在于雅致、大方、得体。坐姿要领包括：入座时走到座位前，转身后把右脚向后撤半步，轻稳坐下，然后把右脚与左脚并齐，坐在椅上，上体自然挺直，头摆正，表情自然亲切，目光柔和且平视正前方，嘴唇自然轻合，两肩平正放松，双手放在桌上，掌心向下，两脚平落地面；起立时右脚先后收半步然后站起。一般来说，在正式社交场合，要求男性两腿之间可有一拳的距离，女性两腿并拢并自然弯曲，两脚平落地面，不宜前伸。入座时应该注意：动作要轻柔和缓，起立要端庄稳重，不可弄得座椅响声很大，就座时不可以歪歪斜斜，两腿叉开，不可以高跷起二郎腿。坐下后不要随意挪动椅子或者不停地抖动腿脚。女士着裙装入座时，应用手将裙装稍稍拢一下，不要坐下后再站起来整理衣服。

3. 走姿。行走是人生活中的重要动作，走姿是一种动态的美。"行如风"就是用来形容轻快自然的步态。正确的走姿是：轻快稳健，胸要挺，头要抬，两肩放松，两眼平视前方，面带微笑，摆臂自然。

4. 谈话姿势。谈话的姿势往往反映出一个人的性格、修养和素质。所以，在交谈时，双方要互相正视、互相倾听，不能东张西望、看书看报、面带倦容、哈欠连天。否则，会给人心不在焉、傲慢无理等不礼貌的感觉。

5. 蹲姿。以一膝微屈为支撑点，将身体重心移至此，另一腿屈膝，脚稍分开，而不要低头、弯背。女士在穿着裙装时，两腿并拢。在取低处物品或拾起在地上的东西时，不能撅臀部、弯上身、低垂头。

（二）见面礼仪

1. 握手礼。握手是一种沟通思想、交流感情、增进友谊的重要方式。与他人握手时，目光注视对方，微笑致意，不可心不在焉、左顾右盼，不可戴帽子和手套与人握手。在正常情况下，握手的时间不宜超过3秒，必须站立握手，以示对他人的尊重、礼貌。

握手也讲究一定的顺序：一般讲究"尊者决定"，即待女士、长辈、已婚者、职位高者伸出手来之后，男士、晚辈、未婚者、职位低者方可伸出手去呼应。若一个人要与许多人握手，有礼貌的顺序是：先长辈后晚辈，先主人后客人，先上级后下级，先女士后男士。

2. 鞠躬礼。即弯身行礼，是对他人表示敬意的一种礼节方式。鞠躬前双眼礼貌地注视对方，以表尊重的诚意。鞠躬时必须立正、脱帽，郑重地，嘴里不能吃任何东西，或是边鞠躬边说与行礼无关的话。

3. 致意。一种不出声的问候礼节，常用于相识的人在各种社交场合打招呼。在社交场合里，人们往往采用招手致意、欠身致意、脱帽致意等形式来表达友善之意。行注目礼时，应该平视对方。

4. 鼓掌礼仪。鼓掌在于欢迎、欢送、祝贺或是鼓励他人。在鼓掌时，最标准的动作是：面带微笑，抬起两臂，抬起左手手掌至胸前，掌心向上，以右手除拇指外的其他四指轻拍左手中部。此时，节奏要平稳，频率要一致。至于掌声大小，则应与气氛相协调为好。请注意，鼓掌不是双手互相激烈的撞击或拍打。

四、会务形象管理及设计案例

【会务形象设计说明一】

参会人员小A，微胖肤白，穿软绵绵没有质感的T恤和休闲中裤，中裤上还有条带子随意飘荡，戴着黑色塑料方框眼镜，眼镜与其脸型极不相称，头发没有打理，随意披散，手的姿势也暴露了年轻人肌体语言的不庄重，总之，小A整体外在形象从服饰到眼镜、手势都给人感觉慵懒、稚气、不精神，显得对本次会议不重视，与她从事公务活动的职业形象也不吻合，更无法代表委托她来开会的单位或组织。

专家帮她挑选了一套硬挺的深蓝色面料制作的职业套裙，加上合体的裁剪、厚重的垫肩会夸大着装者的干练、成熟和端庄；深蓝色衣服配上同色的高跟鞋使其显得高挑，弥补她本身身材的不足；再把鲜艳的丝巾折成花朵造型系在套装外，掩盖穿职业装老气、呆板的不足，增添了职业女性特有的优雅和知性；选一副小巧椭圆形的金丝边眼镜，增加了理性、斯文之感，弥补了脸型稍显方正的不足。用头饰将散乱的中长发束成发髻挽在脑后，再用发夹和摩丝将散乱的刘海儿固定住，使其显得干净、利落。散乱的眉毛修剪整齐，略施粉黛，遮住面部瑕疵，显得精神、帅气、靓丽。其会务形象设计前后对照效果如图7-3左图所示。

【会务形象设计说明二】

参会人员小B，选择了一套职业装来参会，比小A稍微好一点，但仍旧存在几个问题：长发披肩，厚厚刘海儿几乎遮住眼眉，显得不精神、懒散，圆脸应该戴长方形眼镜，她却选择圆形眼镜框，大圆套小圆，让人感觉幼稚有余，刚性果敢不足，裙子过短，这些服饰上的失误都不太符合公职人员的形象要求。专家帮她挑选了一套蓝白相配的职业套裙，裙子的长度及膝，硬挺的面料、合体的裁剪、厚重的垫肩使着装者显得的干练和端庄；选一副小巧长方形的金丝边眼镜，弥补脸型的不足。用头饰将散乱的中长发束成发髻挽在脑后，再用发夹和摩丝将散乱的刘海儿固定住，使其显得干净、利落。其会务形象设计前后对照效果如图7-3右图所示。

两位与会者经过设计定型后的形象端庄、干练、优雅、成熟、稳重，完全符合参与公务活动的形象要求。良好的会议形象不仅仅是买一套漂亮的衣服，而是要塑造与所从事公务职业和即将出席的会议或特殊场合相吻合的新时代公职人员的形象。

会务组织

会务形象设计前后(一)　　　　　　会务形象设计前后(二)

图 7-3　会务形象设计前后对照图

第八章
常见会议及活动的策划与组织

在机关单位各式各样的会议中,许多是内容简单、形式单一的,与会人员相对固定,会期长短不一,根据需要,随时召开。领导的调研活动是领导工作的重要内容,是领导同志深入基层、了解情况、解决问题的重要手段。会务工作要认真对待,规范组织这类会议和活动。

第一节 四大班子会议策划与组织

一、四大班子的定义

四大班子是指从中央到地方各级的党委、人大、政府、政协四大机关的领导班子。

党委是党的各级委员会的简称。党委会是党的一项重要工作制度,也是党的领导机构,党委员会分为中央委员会、地方

会务组织

各级委员会和基层委员会。不同层级的党委在其具体的单位里职能有所不同,但它们的基本任务都是宣传和执行党的路线、方针、政策,组织党员对其进行认真学习,对党员进行教育、管理、监督,实行集体领导,讨论决定重大问题。

人大是指各级人民代表大会常委会,是人民监督和选举的机构。人大有四大职权即立法权、重大事项决定权、人事任免权和法律监督权。

政府是指国家进行统治和社会管理的机构,是国家表示意志、发布命令和处理事务的机关。政府有广义狭义之分,广义的政府是指国家的立法机关,行政机关和司法机关等公共机关的总合;狭义的政府是国家权力机关的执行机关,是国家政权机构中的行政机关。

政协是指中国人民政治协商会议地方各级委员会,由中国共产党和各民主党派、无党派民主人士、各人民团体、各界爱国人士等共同组成。人民政治协商会议设全国委员会和地方委员会。

二、基本流程

(一)提前准备

四大机关的会务工作人员接到召开班子会议的任务后,必须提前做好充分准备,收集准备齐全的资料,如政策性资料、论证资料和情况性资料。同时还要熟悉各种情况,以备快速处理会议过程中出现的问题。

（二）确定会议议题

议题的提出一般有以下这几种：①下级机关提请讨论决定的问题。②本级机关部门提出并经常讨论，同意提交讨论决定的问题。③上级机关交由讨论研究的论题。

（三）决定开会时间

一般由领导决定会议召开的时间。

（四）对议题进行事先调查和研究论证

对列入会议的议题进行准备、寻找和提供资料。会议人员事先对议题进行调查研究，然后提出意见建议，准备方案等。

（五）会议通知

会议有定期会议和不定期会议两种，定期会议一般提前两三天以上发出通知，不定期召开的临时会议，一经决定，立刻发出通知。

（六）会议的主持与讨论

四大班子会议由主要负责人作为主持人，主持人先对会议论题进行说明，然后进入交流讨论。主持人要充分调动参会人员的积极性，适时引导，使之各抒己见。

（七）形成会议决议，得出会议结果

这些会议讨论决定问题实行少数服从多数的原则，意见不一的情况下需要按照多数人的意见做出决定。双方不同意见的人数接近无法得出结论时，通常都会暂缓决定，等待进一步调查研究，再次召开会议交换意见进行表决。特殊情况要向上级领导报告，请求指示。

会务组织

三、注意事项

会务工作机构要按照规程，严肃认真规范办好四大班子会议。注意事项包括：

（一）会议气氛要庄重严肃

会议讨论的问题往往事关重大，常常有重大决策，因此会议的基调应当是严肃且庄重的。

（二）会议程序严密

这类型的会议有着一套相对固定的法定程序和要求，因此必须严格遵守章程。

（三）与会人员范围基本固定

班子会议主要与会者就是班子成员，也可根据议题需要安排相关人员列席。

第二节　领导调研活动及其安排

调查研究不仅是党的根本工作方法，而且是基层领导干部必须具备的能力之一。党的十八大以来，全国各地掀起改进作风的热潮，相继展开形式多样的改进作风的行动，其中，改进调研活动作风尤为重要。会议前调研活动的目的，是为了科学、准确、全面地了解事物的真相和全貌，把握问题的本质和规律，研究解决问题的思路和对策。领导了解清楚实际问题后，将调研过程中所发现的问题拿到会议上集中讨论，不仅明确了会议目标，而且提高了会议的效率。调查研究是一切会议工作的基础，是贯穿于会议工作全过程的基本工作制度。在调查研究中，可以提高认识能力、判断分析能力和驾驭领导环境能力，增进对人民群众的感情，增强责任感，密切公职人员与群众的关系。调查研究能力的高低是决定工作成败的关键。坚持调查研究经常化、制度化，在调查研究过程中不断增强调查研究能力，才能适应不断变化的新形势发展需要，不断提高公职人员的业务水平。

一、基本流程

一是确定调研地点，一般要上报筛选或领导自选，须有典型性。

领导确定调研主题后，具体基层调研点一般由办公室（厅）协调选定，也可以请领导自选，所选地点要有代表性。

二是调研安排，调研行程和时间要明确清，要精心预设谈话主题。

领导出行调研通常都有自己想关注的东西，工作人员做好包括调研时间、调研地点等方面的方案后，再由领导定夺。调研内容有一个系列的提纲，主要是近期热门的话题，包括领导本人关注、下属机关提供、专家建议及国内外消息四个来源。领导在开展调研活动时，要尽力掌握调研活动的主动权，调研中可以有"规定路线"，更重要的应有"自选动作"，看一些没有准备的地方，搞一些不打招呼、不作安排的随机性调研，力求准确、全面、深透地了解情况，避免出现"被调研"现象，

会务组织

防止调查研究走过场。

二、注意事项

（一）避免走马观花式的调研

由于受官僚主义和形式主义的影响，往往有一些调研不深入、不具体，既劳民伤财，又徒劳无功，对工作更是有害无利。因此，在每一次调研之前，一定要科学安排调研路线，精确安排调研日程，丰富调研内容，既要有好的典型，又要有差的典型，使调研活动更加贴合调研目的，顺利完成调研任务。

（二）避免机械式的调研活动

一些上级部门到基层调研，按照基层部门事先指定路线，基层单位同志在前面走领导在后面跟着，只机械地走"规定路线"，没有"自选动作"。这样的调研，听不到群众真实的声音，看不到基层存在的问题，更重要的是达不到预期的调研效果。因此，要在尽可能的情况下丰富调研活动，多安排"自选项目"。

（三）客观全面

在调研中，有的领导喜欢听好话，不喜欢听不好的话，喜欢听喜不喜欢听忧，基层单位报喜得喜，报忧得忧。在调研中，基层单位都想解决困难和问题，因此，既要报喜又要报忧，让领导能够掌握全面真实的情况。

调查研究是一切会务工作的基础，调查研究能力的高低是决定工作成败的关键，所以要在领导调研工作中杜绝上述提到的问题，尽量求真、求实。

第三节 工作会议策划与组织

工作会议一般是指党政机关、企事业单位定期不定期召开的讨论工作的会议,是集体办公的一种形式。会议旨在及时了解和掌握工作进展和任务完成情况,适时传达上级指示精神和本级贯彻意见,做好各项工作的安排和协调。

一、基本流程

(一)准备会议议题

议题的来源一般是最近本部门工作情况的汇总以及各项事务的情况。会前需要确定议题,明确召开工作会的目的。

(二)准备会议材料

1. 领导人讲话:按规定配备秘书的领导,其讲话稿由领导的秘书负责组织撰写;其余领导的讲话稿由办公室或有关业务部门完成。

2. 会议讨论文件:主要是在会上讨论、议定的文件。

3. 参阅资料:是会议的参考性文件。

4. 会议议程:确定会议内容并形成议题,做好时间、地点的安排。

(三)会场布置

根据与会人数的多少做出安排。

(四)发出会议通知

根据会议议程的各项安排和会场的具体情况,尽快向参会

| 会务组织

人员发放会议通知。通知发放后，需要确认是否已收到。

二、注意事项

1. 工作会议中，领导必须全面详细了解近期的情况。与会者要准确掌握领导的意图和要求，提供切合实际又能解决问题的工作报告。议程要结合客观实际，不宜过多，能解决什么问题就确定什么议题。

2. 会场布置要方便工作。例如，若干领导在听取汇报、审阅资料的基础上，对会议报告进行评议，会场布置可以考虑采用 U 字形排放，让与会人员围坐在三边，另留一边作汇报人发言用。

3. 注意控制工作会的时间，提高会议效率。工作会议通常安排半天，最长不应超过一天，能短则短。工作会的一个通病是只打雷不下雨，或是雷声大雨点小，因此，要注重实施，务必使会议的决定能够落到实处。

第四节　办公会议策划与组织

办公会议是一种重要的行政工作手段，在沟通信息、商讨问题、总结交流、布置任务、协调统一、科学决策等方面起着重要的作用。办公会议一般是一个部门内部召开讨论解决具体问题，议定具体事项的会议，也可以一个部门单独牵头，相关各个部门共同参与，研究解决相关问题。

一、基本形式

办公会议又称工作例会,是党政机关、企事业单位定期不定期召开的讨论日常工作,解决具体问题的会议,是集体办公的一种形式。会议旨在及时了解和掌握工作进展和任务完成情况,适时传达上级指示精神和本级贯彻意见,做好各项工作的安排和协调。

办公会议一般有四定,即定时间、定地点、定人员和定周期。大多数单位会将其固定在每星期一上午;因工作需要,也可提前或推迟召开。参加会议的人员一般为单位领导班子成员、各部门负责人以及与例会讨论事项有关的人员。

二、基本内容

1. 各部门负责人或有关工作负责人汇报上周工作情况和本周工作计划以及需提交会议研究讨论的重点问题。

2. 领导班子成员根据各自分管的范围,部署安排有关工作任务,并对需研究讨论的问题提出意见和建议。

3. 会议主持人总结工作情况,部署新的任务,决定和答复提交讨论问题的处理意见,提出工作要求。

三、会议组织

(一)收集议题

办公室会务工作人员收集各部门已经分管领导批准的、需提交办公会议讨论的问题,以及向各位领导征询需上会传达或讨论的事项。

（二）确定会议议程

根据收集到的议题，确定会议议程。

1. 一定期间的重要事项，工作中的重要情况和问题为议程的主要内容。

2. 可上可不上的事项，绝不上议程。

3. 根据内容主次和轻重缓急，安排讨论问题的先后顺序。

（三）会场布置

一般来说，办公会议人数不会太多，通常采用圆桌会议，便于与会者商讨工作、发表意见。会场的布置应简洁，需准备茶水、投影设备等，一般不需要悬挂会议横幅。

（四）会议记录和会议纪要

办公会议内容要具体，件件都要好好落实，要做好会议记录。记录要妥善保存和归档，根据会议记录尽快形成会议纪要。特别重要的，还要写出会议决定事项，作为落实工作的指导和依据。

四、注意事项

（一）准备好会议资料

办公会议往往要讨论决定具体事项，因此要准备具体详细的会议资料。

（二）适时发出会议通知

会议通知分为口头通知和书面通知。口头通知只适用于参会人员较少、议题简单或者临时决定的办公会议，口头通知多数以电话通知的形式；时间允许的情况下，应该发出书面通知。电话通知时，应做好接电话的时间登记，记录接听者姓名，建议设立会议通知记录本。正式的书面会议通知应包含简要的会议议程说明、参会人员、会议时间、会议地点等。书面会议通知应通过正式途径发送给参会人员，如有必要可另行电话通知参会人员。

（三）会场布置简单朴实

办公会议一般人数较少，会期不定，地点固定，因此会场不需复杂布置，尽量保持会议室原来的布置，安排好参会人员的坐席并准备好参会人员的名牌即可。

第五节　现场会策划与组织

现场会是最直接简便的会议形式，特点是直观，既可以直接面对工作现场，又可以做现场交流讨论。现场会是一种总结推广经验、吸取教训、现场解决问题的会议形式。

一、工作现场会的基本形式

现场会一般是指在典型单位或典型现场召开的会议，一般选取有典型意义的生产、工作、试验、经营、教育等场所进行。它通常能给人直观、深刻的印象，从而起到较好的典型示范作用。

二、工作现场会的组织

（一）选择现场

从某种意义上说，现场的选取一定程度上决定了现场会的成功与否。因此对于现场的选取，一定要特别精心、慎重。应选择能达到会议目的、具有典型意义的现场。如召开安全生产工作现场会，可以选择事故现场，身临其境更能给人留下深刻印象；召开生产技术推广现场会，可以选择采用先进技术的企业，亲身体验生产过程并了解该企业的技术水平。

（二）必须安排现场参观

现场会一般要安排参观现场。会务工作人员需在会前安排好参观路线和参观点。参观路线和参观点的选择应符合会议目标。

（三）注意事项

1. 制定好现场会方案。现场会必须有现场会方案，包括组织机构、会务准备、议程安排、经费预算等事项。

2. 适时发出会议通知。现场会属于非常规会议，会议通知需要在会议召开前两至三个工作日发出。

3. 制定会议议程。现场会一般包括现场参观和会议两方面的内容。有的现场会先参观后开会，也有的现场会先开会后参观。议程要简单，节奏要紧凑。

4. 安排参观线路及必要讲解。参观是现场会的一个重要环节，参观路线需合理，方便行走和短时间停留，并且要安排讲解员讲解。

5. 领导讲话。领导讲话可围绕现场会召开的目的预先写好讲话稿，也可以由领导做即席讲话。

第六节　座谈会策划与组织

座谈会是由特定的组织或个人出面，就某一个问题或一类问题，组织或邀请有关人员进行交流和讨论的会议。

一、座谈会的基本形式

座谈会涉及内容广泛，可以是在一个特殊日子对某些人和事进行的讨论和交流，也可以是对一个事件的剖析；既可以是组织方请一些专门人士发表看法，又可以让与会者畅所欲言。

二、座谈会的组织

（一）明确座谈会的主题

座谈会可以以教育和警示为目的，也可以以交流情感、沟通信息、统一思想、提供平台和解决问题为目的。

（二）会场布置

座谈会需要营造一定气氛并能造成影响的，会场可以悬挂会标，如"装备制造企业座谈会""迎新春、谋发展座谈会"等，以此强调会议主题。一般性的座谈会不需要会标，会场摆设的圆形方形围成一圈为宜，方便交流，平等直观。

（三）发言人的安排

座谈会的发言形式一般有两种：

会务组织

1. 自由发言。即事先不设定发言人，不规定发言顺序，发不发言、什么时候发言、发几次言均由与会者自己决定。采用这种形式，要求主持人有较强的会场掌控能力，以避免会议冷场。

2. 事先确定几位主要发言者，也可以安排好发言顺序；先由主要发言者发言，再由其他与会者自由发言。

三、注意事项

1. 座谈会的参会人数不宜过多，少则几个人，多则20~30人。

2. 座谈会的时间不宜过长，一般不超过半天。

3. 座谈会主持人的作用十分重要，一个优秀的座谈会主持人能掌控好会议节奏气氛，使会议保持热烈的气氛。

第七节　其他会议

一、茶话会

（一）茶话会的基本内容

茶话会，顾名思义，是饮茶谈话之会。它是由茶宴和茶会演变而来的。

茶宴多以茗茶待客，宾主在茶宴上一边细啜慢品，一边赋诗作对，谈天说地，谈笑风生。茶会是旧中国商人在茶楼进行交易的一种集会，流行于长江流域尤以上海最盛。届时，各业各帮的商人以约定的茶楼作为集会地点,边饮茶边交流行市,进行买卖。

如今,各种形式的茶话会让人耳目一新。学术讨论、文艺座谈、庆典活动、招待外国使节,都可采用茶话会的形式,特别是欢庆佳节,采用茶话会形式的会议越来越多。各种类型的茶话会,既简单节俭,又轻松高雅,是一种效果良好的会议形式。

(二)茶话会的组织

1. 确定主题。茶话会的主题,特指茶话会的中心议题。在一般情况下,茶话会的主题大致可分为如下三类:①以联谊为主题;②以娱乐为主题;③以专题为主题。

2. 确定与会者,邀请函。如果是小型茶话会,或者在通知与会者方面没有障碍,可以直接发邀请函。

3. 会场的选择和布置。

(1)会场的选择。主办单位的会议厅、宾馆的多功能厅、高档酒楼等都可以作为茶话会举办场所。主办单位应根据茶话会与会人员身份和人数来选择合适的场所。

(2)座次安排。茶话会的座次安排有以下几种:①环绕式;②散坐式;③圆桌式;④主席式。

4. 茶点的安排。茶话会一般不上主食,不安排酒品,只提供茶点。茶话会的饮品,香茶是必备之物,有条件的还可以增加鲜果、糕点及各色糖果。

5. 会场的其他布置。茶话会现场可设背景板,写"××××茶话会"字样,要突出茶话会的主题。

会务组织

6. 确定会议程序。

（三）注意事项

1. 话题设置很重要。茶话会不同于座谈会，要根据参与者的情况及氛围设置不同话题。话题要求是大家有共同兴趣的、轻松活泼的、要人人都能有话可说的、能引起大家情感上的共鸣并且能够带动现场气氛的话题。

2. 现场发言在茶话会上举足轻重。假如没有人踊跃发言，或者是与会者的发言严重跑题，都会导致茶话会的最终失败。因此组织者对此要有充分准备，在会前落实好重点发言对象。

3. 茶话会上，主持人起着掌控大局的重要作用。圆桌茶话会的主持人应事先熟悉与会的每位来宾。在每位与会者发言前，主持人可以对发言者略作介绍，发言开始和结束时，主持人要带头鼓掌致意。同时，主持人必须在现场审时度势，因势利导地引导与会者的发言，还要控制会议的全局。大家争相发言时，由主持人决定先后顺序；没有人发言时，主持人要引出新的话题，或者恳请某位人士发言；会场发生争执时，主持人要出面劝阻。

4. 茶话会与会者的发言以及表现必须得体。在要求发言时，可以举手示意，但也要注意谦让，不要争抢。不管自己有什么意见，都不要随意打断别人的发言。肯定成绩时，要力戒阿谀奉承。提出批评时，不能讽刺挖苦。切忌当场表示不满，甚至进行人身攻击。

5. 切忌将茶话会变成了吃喝会，几十人或上百人围在桌边推杯换盏，一次"茶话"动辄就是数万元。这样的茶话会就变味了,不仅背离了亲切交流、沟通的初衷,而且造成了铺张浪费。

二、汇报会

(一) 汇报会的基本形式

汇报会是党政机关、企事业单位用于对工作某一重要阶段、工作环境、某特定事件处理情况、某次工作或者特定的事情举行的会议,由下级单位向上级单位汇报特定的内容。

(二) 汇报会的基本内容

下级单位根据自己的工作情况、价值、作用、影响等进行专题汇报。有的内容由下级单位提出向上级单位汇报,也有的是上级单位指定下级单位就某项目工作进行汇报。

三、网络视频会议

网络会议是人们利用多媒体技术、计算机网络技术和现代通信技术举行的会议,它由视频、音频、图像和文本数据等组成,具有丰富多样的会议功能,可以满足会议不同的需求。随着现代网络技术的发展,网络视频会议已成为党政机关、事业单位、大中小企业普遍采用的一种方便快捷的会议形式。

在工作实践中,会议的形式多种多样,除以上陈述的之外,还有其他会议等一系列形式,如协调会、通报会、述职报告会等。

后记

长期以来，各级党政机关办公室人员都在积极探索、不断总结会务组织的好经验、好做法，理论研究者也在认真思考、归纳形成做好会务工作的观点、看法。此次，在前辈和同行探索的基础上，借着公务通用能力系列读本编写的良好契机，我们汇集了数位融合办公室工作实践和理论的专家和学者，以及有志于参与办公室工作及其理论研究的学子共同编著该书。在写作过程中，充分结合各级办公室会务工作的实际情况，在大量工作案例中提取共性的信息并进行梳理归纳，尝试为广大会务工作者做一次总结，为即将或有志于从事会务工作的学习者做一次介绍，以期凝聚更多共同做好新时代会务工作的新力量。

在本书的编写过程中，在三位作者精心细致的具体指导下，广东技术师范大学文传学院2017级6位研究生参与了部分章节的前期收集资料及初步的编写工作。他们分别是：邓宇甯、张宁、简梦芝、黄履媛、王莹琦和刘凯平。

在本书即将付梓之际，有幸得到了国内著名形象礼仪实训专家吴东穗女士的指导。她不仅给本书提出了具体修改意见，而且参与编写了第七章会务礼仪。在此，对他（她）们的辛勤付出深表感谢。

后记

最后,要感谢张儒波老师、余贞备老师,他们在该书编写过程中给予了大力支持。尤其是张儒波老师,对该书的编写提出了大量宝贵的意见,并在繁忙的工作之余牺牲了大量的休息时间,对该书进行了细致、专业地修改和完善,在此一并表达对他们最诚挚的敬意和真诚的谢意!

由于学术视野有限、编写时间仓促等原因,该书还存在许多不尽人意之处,有些问题点到即止,没有展开更深层次的研究;有些细节还没来得及深入探讨。为此,敬请从事办公室工作和理论研究的领导、专家、同行不吝赐教。

编者

2020 年 8 月